贵州省高层次创新人才（“千”层次）项目（项目号：6017042）

数字政府

治理案例解决方案

以贵州省为例

周桂贤◎著

中国社会科学出版社

图书在版编目（CIP）数据

数字政府治理案例解决方案：以贵州省为例/周桂贤著 .
—北京：中国社会科学出版社，2023. 2
ISBN 978 – 7 – 5227 – 1378 – 6

Ⅰ. ①数…　Ⅱ. ①周…　Ⅲ. ①地方政府—电子政务—研究—贵州　Ⅳ. ①D625. 73 – 39

中国国家版本馆 CIP 数据核字(2023)第 026137 号

出 版 人　赵剑英
责任编辑　刘晓红
责任校对　周晓东
责任印制　戴　宽

出　　版　中国社会科学出版社
社　　址　北京鼓楼西大街甲 158 号
邮　　编　100720
网　　址　http://www. csspw. cn
发 行 部　010 – 84083685
门 市 部　010 – 84029450
经　　销　新华书店及其他书店

印　　刷　北京君升印刷有限公司
装　　订　廊坊市广阳区广增装订厂
版　　次　2023 年 2 月第 1 版
印　　次　2023 年 2 月第 1 次印刷

开　　本　710 × 1000　1/16
印　　张　12
插　　页　2
字　　数　195 千字
定　　价　68. 00 元

凡购买中国社会科学出版社图书，如有质量问题请与本社营销中心联系调换
电话：010 – 84083683

前　言

人的智慧是无穷的，但是人的计算能力和记忆力是有上限的。让事务可提前预测，从而可以做出最优选择和部署复杂情况的应对措施，正是在大数据的智慧之处。信息社会的到来使数字化转型与社会运行紧密相连，潜移默化地重塑着社会主体的行为模式，随着数字技术与政府治理的互动向纵深演进，数字政府实践得以蓬勃发展，因此，有效推动数字政府建设成了实现我国国家治理体系与治理能力现代化的必然要求。

党的十九届五中全会明确“十四五”时期要进一步推动行政效率和公信力显著提升。加快数字政府建设，对于提高行政效率、提升公信度、建设人民满意政府部门具有重要意义。党的十九大以来，中共中央发布了一系列重大改革创新措施，在行政部门深化改革基本解决了结构性矛盾。其中，深化体制改革、放管融合在数字政府建设的推动下进一步提升了服务项目，市场变得更加有活力，成为推动政府职能转变的动力。

概言之，为贯彻落实《国务院关于加快推进全国一体化在线政务服务平台建设的指导意见》（国发〔2018〕27 号），提升一体化政务服务平台纵深发展的能力，数字政府建设搭建了十分方便快捷的数据室内空间，慢慢摆脱不同领域的数据堡垒，健全网络空间和自然环境，使之建设成为人民满意的政府部门。随着智慧政务和互联网持续发展趋势，引进互联网大数据、云计算技术等信息化管理技术和方式在模块化的核心理念下，搭建根据互联网大数据的政务服务综合性业务流程云管理平台，完成政务公开资源共享，使其向规模化、规范性的方向发展，促进智慧政务的持续发展，提高群众满意率。数字政府治理在数字时代应运而生，以电子信息技术为基础，变化政府部门治理方法和治理核心理念，注重多行为主体参加，完成多向互动交流，实现共谋共治共享资源的新式治理方式。总之，加速数字政府建设是提升政府部门行政效率的前提条件，是全方位建设社会主义社会智能化国家的必然趋势，是提高国家治理效率的突破点。

党的十九届五中全会明确提出，现阶段，我国仍处于发展战略新机遇的转折期，这表明将来我国仍然维持不断发展的趋势，但可变性明显提升。我国治理工作能力的高低与经济发展不断提升密切相关。从 2004 年起，我国智慧政务在办公系统和业务管理系统不断进步的基础上，进入了综合发展阶段。高新科技的发展和人民群众的需求，以及快速发展的电子信息技术推动了社会发展的数字化，另外，数字化的社会发展又促使数字政府能力提升。为了更好地达到广大群众对政务服务中心的数字化需求，数字政府以科技进步为支撑点，不断提高管理效率，推动数字化行政部门深化改革，使政务服务中心与人民群众需求相符合。

为进一步提升数字政府治理，推动大数据数字政府变革，加快推动政府多方面数字化转型，根据《进一步深化“互联网＋政务服务”推进政务服务“一网、一门、一次”改革实施方案》（国办发〔2018〕45 号）和《政务信息资源共享管理暂行办法》（国发〔2016〕51 号）要求，党的十八大以来，以习近平同志为核心的党中央高度重视以信息化推动国家治理体系和治理能力现代化，明确加快推动电子政务，打破信息壁垒，推动构建全流程一体化在线服务平台，建设人民满意的服务型政府。笔者根据推动政务信息系统互联和公共数据共享，增强其他主体对政府的信任，切实提高行政效率，提升政府服务水平，充分发挥政务信息资源共享的重要作用，编撰了《数字政府治理案例解决方案》一书。

本书围绕其发展现状，提出完善体系化建构，构建多元参与机制、阐述了数字政府治理的总体框架，规范回应标准、需注意的方面以及大数据服务平台的搭建与应用。在对数字政府开展定义与分析的基础上，根据对基础理论参考文献的系统软件整理，刻画出数字政府治理在物理学和使用价值形状上的本质特征，通过对国内外大数据数字政府的发展历程总结出经验与教训，用习近平网络强国战略思想指导数字政府建设，以《数字乡村发展战略纲要》作为数字政府的理论政策导向。就数字政府治理技术而言，数字政府治理主体其实是多个治理主体一起共同治理，表现为数据型、网络型与智慧型数字技术在政府治理体系中的应用。数字政府治理的使用价值则反映在治理核心理念上，具体表现为搭建服务化、技术创新与开放式政府部门锲而不舍的完美追求。互联网大数据的综合服务平台搭建，采用模块化的网络设计方案和构架方式，搭建包括多用途区块链的政务服务综合性业务流程云管理平台，在互联网大数据、云计算技术的使用下完成服务平台构架的灵便动态性部署。本书包含可行性方案，基础设施建设层的设计方案和运用，服务平台服务项目层的设计方案和运用，平台数据资源层的设计和应用，信息安全管理层的设计和应用，售后运营维护管理层的设计和应用。

希望本书可以为数字政府治理提供重要参考和指导，进一步全面构建数字政府评测指标体系，为政府、企业、科研单位开展大数据治理业务提供可借鉴的经验和模式。同时，感谢参与本书编排撰写的陈妍含、路艳明、贾贵佳、杨文君、袁庆霓等人员。

周桂贤

2022 年 9 月 20 日

目　　录

第一章

绪　论

随着“互联网 +”的飞速发展以及数据库的广泛运用，数字化时代已经来临，政府想要紧跟时代的步伐就要实现政府数字化转型。这个过程使政府为了适应当前数字环境，模糊了传统执政方式，对未来发展方向进行了重新规划与整合，使之提高行政效能，更加方便广大群众的现实需要。在数字政府的建设过程中，全面构建数字政府治理评测指标体系是重中之重，指标体系的模型构建是评价数字政府治理好坏的根本标准。

第一节　大数据数字政府的发展历程

在人类漫长的文明史上，从农业到工业，从刀耕火种到声光化电，每一次变革都会使人类的组织方式、治理方式和制度体系随之改变。随着信息革命的持续席卷和普及，计算机成为人们生活中的必需品，电子信息技术也以其本身与众不同的风采，吸引了整个世界。

政府部门要想紧跟社会的发展趋势，就必须调整其执政方法、执政方式、执政观念等，运用电子信息技术对政府部门的办公管理制度开展重塑，才可以使政府部门与社会发展对接。现在的政府在数字平台上处理政务已经司空见惯。例如，视频会议系统、互联网大选、在网上听证会及其互联网政治论坛等方式早已变成了数字政府办公的日常方式。

随着数字技术的不断发展与政府治理方式相融合，围绕着整个政府的文化氛围也发生了巨大的变化。第一，数字政府的建立，提高了政府的办事效率，扩大了政府和公众进行沟通的渠道。第二，数字政府的建立，更加有效地做到了政务公开，政府的一系列重大决策，公民能够第一时间知道。第三，随着数字政府的发展，传统政府“人治”的思想逐渐被模糊化，政府和公众都能够按规矩办事，依法治国的理念更加深入人心，公民可以拿起法律武器保护自身的权益，与此同时，政府的办公人员也会受到法律的约束。

20 世纪末 21 世纪初，世界各国开始推动数字政府治理。数字政府整治分成四个阶段：发展阶段、交互阶段、事务处理阶段和数字化阶段。欧美发达等国家处于事务处理阶段或数字化衔接阶段，发展中国家基本上处于交互阶段或与事务处理衔接阶段，欠发达国家处于发展阶段。我国现阶段的数字政府整治处于交互阶段与事务处理阶段衔接的全过程中。数字政府的变化主要表现在以下三个方面：第一，社会生活的全面“信息化”与“网络化”。信息采集技术的不断发展和信息存储成本的大幅下降，人们在生活中互动越来越高频，同时我们的日常行为也逐渐变得可被记录、监测和预测，“人是一切数据足迹的总和，人们的行为以数据的形式被记录、被储存和被处理”。第二，政府服务的“智能化”与“精准化”。政府不同部门数据的融通开放使政府服务从粗放式管理转为面向个人的精准化治理。第三，信息传播的“扁平化”与“多中心化”。当信息的生产和流动从精英转向社会的每个个体时，人们使知识和信息资源在社会全体成员之间自由流动，对于社会公共问题的治理也逐步转变为多主体参与和协商。

一　国内发展背景

我国于 1990 年申请注册一级域名“. CN”，1994 年连接国际性互联网，1999 年由国家经委经济发展信息管理中心和中国电信网带头，协同 40 多家部委局的信息主管机构一同运行“政府部门网上工程项目”，自政府部门网上运行至今，党中央、国务院办公厅及中央办公厅、国务院办公厅、国家发改委、国家工信部、国家财政部、通信管理局和国家广电总局等中央部委（办、局）陆续颁布了 170 多项政策，涉及通信业发展、信息基础设施建设和运用、电子政务建设工程整体规划和项目风险管理、政务服务互联网建设、政府门户网站建设管理和内容、信息资源综合利用及共享资源、软件系统及政务服务数据平台、行政审批制度体制改革、信息安全防范措施、互联网大数据、“互联网+政务服务”运用及网络舆情监控发展趋势等行业。体现在“互联网”、互联网化和“互联网”环节在我国电子政务基本建设的工作重点及总体目标趋向。

从中国科研成果来看，以数字政府为研究对象的成效较为罕见，最早是竺干威教授在2008年正式译介邓利维的数字治理理论，中国的专家学者才逐渐关心数字治理理论，认为数字治理理论切合的是新公共管理基础理论的逻辑性。黄珍潇发文详细介绍了英国的数字政府整治状况。徐顽强等撰文剖析了数字政府治理全过程中社会组织的参与动机、参与窘境和参与构思。戴长征和鲍静根据社会制度演化过程对数字政府治理进行剖析。王少泉发文剖析了数字政府治理构造的演变状况，治理基础理论的转化情况、具体内容、特性与发展方向，利益相关者参与数字政府治理的窘境及破译方式，英国数字政府治理工作经验在中国的运用难题等。

2000年，在时任福建省省长习近平同志的领导下，开启“数字福建”建设，标志着我国进入数字治理（1.0）时期。党的十八大（及以后众多数字治理措施的执行）标志着我国进入数字治理2.0时代。近些年，中央及当地政府对数字政府治理高度重视，如习近平总书记于2017年12月8日在中央政治局第二次团体学习培训时强调，实施国家大数据发展战略，加快建设数字中国，使得我国数字政府治理进入全新升级时期。

2018年，党的十九大提出要加快网络强国、数字中国和智慧社会建设。面向信息社会，从信息化时代转为大数据时代的时下规定大家进一步提高应用大数据技术和信息化管理方式提升工作中的工作能力和水准，提高国家治理管理体系和治理工作能力智能化水准。

随着，人工智能技术、互联网大数据、物联网技术等新技术不断创新发展，信息产业迈入更宽阔的发展空间。各国应紧跟时代大潮，共同担负起发展的责任，面对网络发展带来的挑战和机遇。

二 国外发展背景

美国在构建数字政府文化方面处于领先地位。2012年，美国总统奥巴马发布“云优先选择计划”，明文规定联邦政府务必应用统一的数据系统软件，提升资源使用率，为公众出示堡垒服务项目。该计划意味着美国创建了完善的数字政府，平稳的数据系统软件有利于政府统一的管理，融洽政府与公众的关系，产生“以公众为管理中心”的数字政府服务创新。

英国政府在 2009 年发布了《数字英国报告》，该报告提出把不同政府的数字系统进行组合统一管理，真正实施全国联网。

其他发达国家的政府也为构建数字政府文化不断探索。新加坡《电子政府 2015》明确提出在 2015 年完全进行“一站式”网址的执行。日本 2009 年公布了《数据日本自主创新计划》，强调日本要在 2015 年打造出全国的“霞关云计算技术”数字平台，全国各地都能够在线办理业务，这一便民利民的措施，也为搭建数字政府奠定了牢靠的基础。各国的研究成果，实际上直接包含“Digital government governance”这一名词的文献极少。英国学者帕却克·邓利维是数字治理理论的代表人物，他提出应当把信息科技及其信息管理系统引入公共事业管理中，从而激发数字政府治理。近年来，他进一步明确提出应当将互联网大数据、云计算技术等优秀的电子信息技术应用于（虚似）公共文化服务的全过程中以提高数字政府治理水准。他分析了数字政府治理过程中的政府监督问题，他认为推进民选政府和为其服务的公共行政机构的问责制是民主社会的基本原则。这一原则也应该存在于数字政府治理过程中。卢娜里斯等发文强调应当在数字政府治理全过程中根据机构间合作和信息科技的应用造就公共性使用价值。

近十几年来，世界各国学者对数字政府治理的研究大多数是实证法研究，也就是怎样合理地根据可靠的数据检测数字治理基础理论应用于政府部门治理中。但是世界各国学者对数字政府治理的研究过度重视数字政府治理内涵、外延的研究，对现况和市场前景研究比较欠缺，尤其是极少从宏观经济层面对数字政府治理进行深层次挖掘。

三　数字政府治理的现状

数字政府治理发展阶段的高低和一国的治理能力紧密相连，为了提升我国治理能力，对数字政府治理的现状进行研究十分有必要。

数字政府到底是什么呢？数字政府就是政府利用数字化思维、理念、战略、资源和工具对政府的体制、技术以及管理进行创新，让政府各部门在工作中可以横纵贯通，跨领域办公，从而提供更加高效和令老百姓满意的政府服务。

数据是政府信息公开、数据开放和信息服务的基础，加强数据基础设施建设，既可以推进“数字中国”建设也能促进国家治理能力现代化。第一，搭建安全可靠的网络基础设施和信息资源数据管理平台，基本建设全口径整理、全活性核算、全精确管理方法、整个过程鉴定、全层面应用的数据监管管理体系。第二，构建可以信赖的数字政府数据治理管理体系。搭建以数字服务项目、数字协作、数字治理、数字发展趋势为管理中心的管理体系构架。第三，构建一体化大数据管理中心和线上综合服务平台。搭建统一的政府部门数据运作管理处（政务服务中心数据管理处），确保数据完善、精确、可用。构建数据共享资源互换服务平台、数据监管服务平台、数据开发者平台，促进数据共享和共享资源对外开放。

政府数字化转型发展是推动国家治理现代化的关键。打造出服务化政府要同步推动网络环境治理体系和治理能力现代化建设。第一，全因素推动政府基本职责数字化转型发展。在国家信息化管理发展战略统筹规划的具体指导下，地区政府要依规执行数字化、数字化的市场管理、社会治理等职责，尤其是推动公共服务共享发展、数字化和一体化基本建设。第二，推动“数字政府即服务平台”的核心理念深入人心，把数字化作为政府出示公共服务和群众获得公共服务的关键。提高政府数据服务效能，提高群众与政府的沟通交流、互动交流。第三，紧紧围绕“五位一体”发展战略推动数字化发展。

数据服务项目成为自主创新公共服务一体化布局的关键。以移动互联为基本的线上政务服务中心是广大群众进行服务项目浏览的获得方式。第一，推动政务公开服务项目、数据服务项目，尽量减少政府服务项目提供和用户需求的差别。提升政府单位和公用事业单位在线客服覆盖率，搭建门、网、线、端、点等服务平台，推动“一网通办”“一次办好”。第二，更改政务服务中心工作方法，充分发挥数字政府基本建设中各参加行为主体的能动作用。改革创新公共服务获得途径，使群众可以方便快捷地开展数字识别并获取公共服务。第三，整合浏览方式，连通运用插口，便捷群众搜索和应用公共资源和数据服务。应用人工智能技术、互联网大数据等智能技术进一步整合“一站式”服务、全网通办、申请办理等做事方式，探寻人性化消息推送，进一步提升政府部门数据服务能力。

数字政府建设是一场从核心理念、规章制度、权利运作到风格建设的多方位多层面转型，既要提升数字政府建设也要提升统筹规划。完成了政府部门构造整合、对外开放管理方法、单位协同及其聪慧运作。但在我国政务信息化长过程中时间存在“数据共享难、数据信息共享资源难、业务流程协同难”的问题，主要原因在于政府治理核心理念变化不及时和体制机制改革创新相对落后等。因此，地方党委需要从互联网营销考虑，从体制机制上对数字政府的发展趋势作出整体规划和部署，健全数字政府建设的组织架构，针对现阶段地区经济发展不平衡而造成的全国各地数字政府建设差别大的难题，贵州省要加速完成省内数字政府的整合，加速统一政务服务管理方法和服务平台建设，健全数字政府整治的法律法规，为政务服务归一化处理工作提供依据。提升人才团队建设，智能化运用优秀人才，进而推动人才的培养文化整合，以便给建设数字政府提供智力支持。

四　大数据数字政府治理遇到的问题及成因

我国数字政府发展的历史不长，处于发展的过渡阶段，建设数字政府任重道远。

一是数字政府治理有关法律缺乏，并未全方位充分发挥作用。近年来，《国家信息化发展战略规划纲要》及《“十三五”国家信息化建设》等文件的颁布，促进了我国政府部门应用数字技术治理公共秩序的发展过程，但数字政府治理的行政规章及政策法规明显缺乏。法律法规的制定是一个由上而下的全过程，这代表着中央在数字政府治理行业的效率都还没彻底显现出来。使得地方政府在推动数字政府治理的全过程中有一定的顾忌，同时也造成一些措施有可能违反规定而停滞不前，严重地阻碍我国数字政府治理的进程。

二是地方领导者注意力过度集中在突出地方特色等方面。地方领导者过于注重“特色模式”，因而在推进数字政府治理的过程中经常放弃“普适举措”，给政府治理带来许多难题。例如，一些地方政府应用数字技术治理公共秩序时不愿采用“普适措施”而导致线上与线下推广服务项目不能统一。除此之外，还会出现无法搭建具备特色的方式而停滞不前。这些难题凸显了地方政府在沟通交流和学习培训方面做得不足的短板。

三是地方政府多元化参与体制效率较低。我国一些地方政府在应用数字技术治理公共秩序的全过程中创建了高效率的多元化参加体制，以促进数字政府治理能力的提升。比如，四川省级政务云“天府云市场”的上线标志着服务商正式加入四川省的数字政府治理当中。但这种措施还没有得到普及，已经运用数字技术治理公共秩序的很多地方都没能有效参与到治理过程中来。这表明我国推进数字政府治理时，横向结构比纵向结构持续优化的速度明显慢很多。

导致上述诸多问题的原因有很多，概括来说，我国数字政府治理存在问题的原因主要有：

一是数字政府治理并未做到环节完善。主要表现在以下两方面：一种是具体措施发生之际各层面也没有获得充足的发展，从而遭遇了许多难题乃至具体措施本身又引起了众多难题。另一种是在与宏观环境持续“调节”发展趋势以后，具体措施与宏观环境的适应能力明显提高，执行具体措施碰到的难题随之降低，具体措施本身发生难题的概率也会降低。例如，现阶段开展的数字政府治理也是这般，现阶段在我国政府部门应用电子信息技术治理社会秩序的水准虽然已有明显提高，但是与英国、美国、法国相比，总体水平不高，数字政府治理有待继续完善。

二是地方政府管理者受政绩观危害而一味求进。近些年，我国政府部门考量政绩时不再过度关心 GDP 年增长率，但是政绩考核仍然是公职人员升职的关键指标。我国许多地方政府都应用电子信息技术治理社会秩序，一部分地区更是搭建了极具特色的治理方式。比如，安徽省合肥市蜀山区政务服务中心在数字政府治理过程中推出“政务快递免费送”，并推广到甘肃省武威市、湖北省十堰市等地，但在其他省份并没有进展。

三是地方政府不重视多元主体参与数字政府治理。从我国政府的实体公共服务供给的演变可以看出，政府边界呈现出先扩张再收缩的演变状态。数字时代的到来使虚拟空间中公共服务的供给成为必需，但是某时间内私营部门和公民等主体参与供给虚拟公共服务的能力不够，所以政府边界随数字政府治理进程的推进呈现出扩张态势。这种情况在政府运用数字技术治理公共秩序之初很正常，数字政府治理水平显著提升以后，公共部门、私营部门等主体参与到治理进程中就是必然之举。我国很多地方政府都已经能够较为有效地运用数字技术治理公共秩序，但某些地方政府还不重视其他主体参与到治理中的重要性，其领导者认为不用构建、运行多元参与机制推动数字政府治理进程，导致一些地方政府还没有构建多元参与机制，也没能有效提升效能。

第二节　大数据数字政府的创新变革

一　数字政府创新变革的内容

“数字政府”建设是一项系统工程，要把握数字化、网络化和智能化的发展趋势，统筹规划、加强创新，加快推进政府组织结构、政务服务等数字化转型，建设“数字政府”高标准建设，实现政府决策科学化、社会治理精准化、公共服务高效化。政府在进行数字政府治理中，首先，推进政府组织结构向数字化转型。一是健全资源共享的“数字政府”管理方法架构。建设“数字政府”发展趋势常态化和归类建设方式，创立省部级政务服务中心数据管理为有关工作中的行政组织制订智慧政务建设规划，加强纵向工作中具体指导和横向工作中融洽幅度，完善与城市的工作中统筹兼顾体制，加强“数字政府”省部级综合建设管理机制和省市县协同工作机制。

二是模块化设计政府，打造出新式政府运行模式。应用机构扁平化设计、业务流程协同化、服务项目智能化系统等方法和实体政府的对接和互动交流，产生一个以大数据和人工智能技术为基本的模块化设计智能网联体。推动商品、工作人员、机构、服务项目的虚拟化技术，降低阶段，完成无纸化、数据中国公民与数据国家公务员，推动数据驱动器、测算驱动器和情景驱动器下云计算时期政府治理能力和治理体系的智能化。

三是搭建数据资源共享管理体系，促进数据对外开放共享资源。完善政府单位的分工协作体制、数据聚集升级体制，确立数据所有权和收益权。制订政务公开资源共享交换目录，确立政府单位中间协同的责任和义务，创建政务公开资源共享与互换标准和规范。

四是搭建比较完善的“数字政府”建设组织体系。关键在管理机制、基本建设管理方式等层面开展自主创新，搭建“统一领导干部、左右对接、运行高效率、综合强有力、总体推进”的“数据政府”基本建设组织体系。建立跨区域部门协作、跨等级的协调工作服务平台和相对应的管理模式，加强岗位职责确立、竖向连动、横向协作、一同推进的政府信息化工作布局，保证组织体系运行顺畅、沟通协调无缝拼接耦合、相互配合更为紧密。

其次，推动政府管理决策和整治企业战略转型要保证。一是不断完善互联网大数据辅助决策体制。二是健全政府管理决策和数据信息支撑点保障体系。三是推动经济形势智能化。四是提高政府数据信息应用工作能力。

最后，在推进政府服务化转型时做到以下几点。一是塑造政务服务互联网思维。紧紧围绕基本建设一体化高效率运作的“总体政府”，摆脱各单位信息堡垒，完成整合资源和业务流程优化，推动单位间协作。强化“政务服务互联网思维”，推动技术性、业务流程、数据信息和服务项目“四结合”，尽量提升政府行政部门效率。

二是不断提升服务项目提供管理水平。从源头上提高信息便民的水准，保证政务服务中心事宜“应上尽上、全过程线上”。积极主动参考“最多跑一次”“不见面审批”“一窗受理”等做法，逐渐推进网上服务的办事能力。搭建“数字政府”绿色发展理念常态化，健全项目风险管理、运维管理体系和服务平台，促使“数字政府”基本建设依照社会经济发展趋势的规定不断其服务水平。

三是构建政务服务中心大数据快速响应服务平台。参考成功经验促进政务服务中心大数据快速响应平台开发基本建设，多方位、多层次剖析发掘政务服务中心数据，提高政府部门决策水平。精确预测办事要求、掌握人民群众办事行为，完成主动服务和精准投放服务项目，为推进“放管服”改革创新、处理公司人民群众办事困扰堵点的管理决策提供数据支撑点。

二 大数据时代政府治理的机遇与挑战

（一）大数据时代政府治理的机遇

1. 政府治理理念的转型

整治理念的转型是提高政府治理工作能力的前提条件，理念转型必须融进新兴文化新思路，大数据包括的数据文化艺术和数据逻辑思维给理念转型提供了突破点，政府治理理念从以政府部门为行为主体的政府部门管控理念向以协作共治、公共文化服务为导向性的理念转型得以完成。大数据时期的政府治理不再是本人工作经验和长官意志，而是借助数据在关心群众、实地考察调查的基础上，以系统软件收集的客观性数据和实证研究的科学研究结果作为政府部门管理决策的依据。“用数据讲话、用数据管理决策、用数据管理方法、用数据自主创新”的理念变成了政府治理理念转型的要义。

2. 政府治理方式的自主创新

大数据科学方法论的核心内容是把数学算法应用到海量信息中，从中探寻关联方交易，根据这类关联性预测分析事件产生的概率。另外，借助大数据技术和服务平台，促进政府治理的组织结构从科层、切分、封闭式向对外开放、协作式转型发展，因而完成政府治理方式自主创新便是要把大数据的方式引进政府治理行业。

3. 政府决策的专业化

公共行政是执行人民意志和实现公共利益的必要保证。政府要提升决策的合理性，就需要把大数据逻辑思维与技术性应用到政府治理与决策中，依照数据信息的大量收集来形象化地展示出社会经济运作规律性，再开展大数据挖掘来协助政府开展科学研究决策。

4. 政府服务效能的提升

提升政府服务效能是提升政府治理工作能力的支撑点，在提升行政审批制度高效率层面，大数据技术有效解决政府不同单位的信息不对称，摆脱了本位主义，让数据信息为普通百姓“跑腿服务”，既提升了行政审批制度高效率，又节省了政府支出，完成了公共文化服务产品品质的提升。

（二）大数据时代政府治理的挑战

1. 治理核心理念遭遇挑战

传统政府治理方式的基本核心理念偏重于政府保守主义和权利保守主义。政府与其他主体的关系是管理与被管理的关系，会导致政府缺乏公众信任，也会使政府职能过于广泛，治理成本提高、行政效能低下。大数据时代的政府治理创新，注重政府和社会、市场、公民之间的平等关系，目的在于构建权利平等型社会和服务型政府。

2. 治理行为主体遭遇挑战

一是单一的政府治理行为主体下，欠缺社会管理创新信息内容和数据信息。传统型政府治理模式下的社会、公民手中拥有广泛的社会资源，这些主体难以参与到政府治理过程中，其手中的信息和数据会出现浪费，进而会影响政府治理的效率与创新。二是单一的政府治理主体难以凝聚社会共识。当政府作为社会唯一主体，为了提升治理效率，行政手段通常是其使用的唯一手段。这样的治理方式容易引发严重的社会矛盾，难以达成妥协的社会共识。三是单一的政府治理主体不能与社会治理形成协同效应。单一治理主体体制下的政府与市场、社会、公民之间信息不对称，导致市场、社会、公民缺少参与治理的动力，难以形成社会治理的协同效应。

3. 社会治理方式面临严峻挑战

传统政府治理方式不能精准掌握大数据时代的社会发展，难以应对不同社会主体的多样化需求。当政府作为唯一的社会治理主体，由于手段及力量的有限性，对经济社会发展的治理，其所依赖的数据大多数来自抽样调查、局部数据，治理的过程多是依赖于社会经验。这种以局部数据衡量社会发展整体情况的做法及方式，容易导致以偏概全的思维。由于信息技术的飞速发展和社会转型的加剧，大数据时代需要多元的社会数据来源，使其展现出多元结构化特征。

第二章

大数据数字政府治理的理论政策

第一节　大数据数字政府治理的转型

一　以习近平网络强国战略思想指导数字政府建设

随着互联网技术和数据分析技术的快速发展，信息化手段在社会治理过程中日益发挥着重要的作用。为推进国家治理体系和治理能力现代化，中国特色社会主义理论进行了多次理论创新，在我国数字化转型过程中发挥着重要的指导作用。

（一）在2015年第二届世界互联网大会上的讲话

习近平总书记指出，在当今社会，以互联网为代表的信息技术飞速发展，给社会生产带来了新的变化，为人们的日常生活造就了新的室内空间，扩展了国家整治新的领域，进一步提高了人们了解和更新改造全球的工作能力。

“十三五”时期，明确提出执行网络强国发展战略及其“互联网”计划等，是为了更好地促进对互联网的运用，发展奋发向上的网络媒体，扩展互联网经济室内空间，推动互联网和社会经济结合发展。

（二）在2016年网络安全和信息化工作座谈会上的讲话

习近平总书记提出，当今世界，信息技术的发展非常迅速。要提升信息基础设施，提升信息资源深层融合，连通社会经济发展趋势的信息“主动脉”。发展网络信息事业，必须贯彻以人为本的发展思想。要以信息化推动国家治理体系和治理能力现代化，统筹发展电子政务，构建综合性在线服务平台，分级分类推进智慧城市建设，突破信息壁垒，构建国家信息资源共享体系，更好地利用信息化感知社会形势，畅通沟通渠道，辅助科学决策。

（三）在2017年中央政治局第二次集体学习时的重要讲话

习近平总书记强调，必须分析当前形势、精心谋划、推进布局，努力积极了解大数据的现状和趋势及其对社会经济发展的影响，并分析在我国整个大数据发展方面所取得的成就和面临的挑战，推进国家大数据战略实施，加快完善数字基础设施，促进信息资源的一体化和开放共享。为了更好地服务于我国经济社会发展和人民生活的改善的需要，我们要确保数据安全，加快数字中国建设。

（四）2019年致首届数字中国建设峰会的贺信

习近平总书记强调，当今社会，信息科技自主创新与日俱增，智能化、数字化、智能化系统深层次发展，在推动社会经济发展、推动国家治理体系和治理能力智能化、达到老百姓日益提高的幸福生活要求层面充分发挥着越来越关键的功效。党的十九大勾勒出决战全方位基本建设全面小康社会的美好前景，打开了全方位基本建设社会主义社会智能化国家、完成中华民族复兴的新征程，制定了基本建设网络强国、数字经济、智慧社会的战略布局。加快数字中国建设，就是要适应我国发展新的历史方位，全面贯彻新发展理念，以信息化培育新动能，用新动能推动新发展，以新发展创造新辉煌。

（五）指导建设数字政府

在数字时代背景下，习近平网络强国战略思想与时俱进地提出了发展大数据、电子政务、智慧城市等战略布局，坚持以人民为中心，提升人民的获得感、幸福感、安全感，为提升国家治理能力、完善国家治理体系准备了思想条件，为数字政府建设奠定了理论基础。

二 数字政府转型的关键

政府对数字技术的依赖逐渐增强，以提高反应速度、增强社会弹性。但在推进数字政府过程中还面临着各种挑战。

（一）数字化转型战略与数字思维

战略是转变过程的基石。战略是否着眼于整体，是否具备系统化思维，是否明确主要矛盾与次要矛盾，是否保持开放，对于数字化转型而言有深远影响。数字化的转型不仅是技术性的完成，而且它必须站在新的角度对待旧难题。智能化逻辑思维有别于大部分机构，尤其是公共行政机构看待外部世界的方法。它是对相关者的不同思索方法，发布产品和服务的不同方式，以及不同的工作方式。虽然关于数字思维的定义目前还没有达成共识，但对于获得数字思维的组织来说，有几个共同的特点：功能开放、协同创造、关注用户和处理方式灵活，这些特点在大多数政府机构中并没有根深蒂固。我国地方数字化进程的实践中，通过统筹的数字化机构进行管理，地方领导的支持和管理机构的统一有利于加强顶层设计，协调各方面利益，进行统筹规划，减少数字化进程中的障碍，推动数字化的稳步发展。财政资金的支持是数字化必不可少的先行条件。更多的财政资金支持有助于完善和升级软硬件设备，吸引人才。除此之外，还利于促进数据资源的进一步开发，为公众提供更优质的服务，获得更高的社会效益和经济效益。

（二）充足的政府数字服务创新

政府部门的内部系统并不总是与互联网公共服务系统的可用性和实效性相匹配，虽然自主创新有所增加，但是政府部门通常很难紧跟技术发展趋势。数据服务整体规划全过程中存有很多阻碍，如数据来源不一致、缺乏集成的工具集、零散的工作流和不相交的技能集等障碍。通过使用清洗的数据，机构能够从探索资源、服务或主题活动逐渐搭建人性化的公民之行。如果用户发觉使用数据意义是积极主动的，他们能够变成此项服务的推动者，进而吸引住新用户。如何通过在线服务让公众参与并及时跟踪他们，以保持他们的兴趣和业务，是机构亟待考虑的问题。是否将更好的服务作为首要考虑因素决定了机构是否优先为了便民服务投入人力、物力。提供更好的服务作为首要考虑因素的机构会更倾向加大在数字化上的投入，在数字化变革中会采取更积极的态度。

（三）政府机构在扩大数字业务方面的有效性

首先，数字战略与业务重点之间的不一致，如果没有更广泛业务的支持，战略规划就不可能存在。其次，组织还没有做好应对变革的准备，没有采取行动的紧迫性，或者没有准备好接受变革带来的变化，那么提升依然缓慢。同时，提高工作人员的数字技能对其业务的成功至关重要，但是很多机构并没有形成正式的培训方案。数字化变革的部门文化包括是否对冒险采取积极的态度，是否将服务对象作为首要考虑因素。政府对冒险采取积极的态度更倾向于大胆采用新兴的科技，顺应时代号召来寻求改变。而风险规避型的部门文化则更倾向于在保障万无一失的情况下采用新兴技术。

（四）数据与政策和管理实践的有效融合

现行政策决定了政府部门是不是能够以及怎样收集个人信息，怎样制定政策来具体指导数据收集、归纳和公布数据的频率和状况，确定数据是能够供群众使用的或是受保护的。但当前数据如何与政策、管理实践和技术交织在一起，以及这些因素如何嵌入并影响数据质量还未明确。数据采集、管理方法和应用的规章制度、机构和社会发展状况都可能会影响政府部门公共数据的政策分析使用。现在还缺少政策、治理机制、数据管理协议、数据和技术标准以及政府内外的各种技能和能力的有效融合。政府数字化涉及国计民生的数据整合，一旦泄露而被违法分子利用，后果不堪设想。因此，数字化建设中一定要将信息安全置于重中之重。信息安全保障水平也是政府信息化水平的重要影响因素。

（五）公务人员的数字素养

公务人员的数字素养包括部门领导和员工是否具有相应的数字化思维和数字化技能。数字化思维指对数字化有清晰的认识，具有宏观统筹的思维；数字化技能指一定的数据处理能力。部门领导对数字化的认识直接决定了其推进数字化的决心和方略，宏观统筹的思维则有利于领导制定根本性的数字化战略，将本部门的数字化统筹于数字化政府的全局建设中，并从部门的实际出发，将数字化与部门特点融合，制定符合部门特点的数字战略。一定的数据处理能力有利于领导理解数字化，更好地推进数字化的建设。同时也便于领导利用数字化的成果，提高管理水平，更好地为人民服务。部门职员对数字化的认识程度决定了其对数字化的信心，影响其参与的积极性。宏观统筹的思维有利于了解自己在数字化进程中的地位和作用，积极为数字化建言献策。

（六）面向市场的数字资源服务

数字资源市场化是数字化进程的一个目标。通过向市场进行数字服务有利于更充分地利用数字资源为民服务，获得社会经济效益。为公众提供数字化服务是指向公众提供部分政府数据以便不同机构进行分析，制定销售和服务战略。影响政府向公众提供市场化数据服务水平的因素包括信息的利用率和定制化的服务水平。信息的利用率受信息透明度和数据处理水平的影响。信息透明度指被公开的社会信息的比例。这主要出于对公众隐私、人身财产安全的保护和保障国家安全的考虑，同时也要考虑部门的意愿。因此，不同性质部门的信息透明度差别较大。数据处理能力指政府处理现有和过去数据的能力。这在一定层次上是由现有员工的数据处理技能决定的，也是由部门的历史发展水平决定的。一些部门的历史数据大多保存在纸上，实现信息化难度较大、成本较高。定制化的服务水平指政府部门能不能针对不同用户的需求为其量身打造数据服务。这对部门员工的数据处理能力和能否设身处地为民服务的意愿有较高的要求。要做到设身处地地为民服务，就需要让公众参与到数字化的建设过程中。要做到在平台建设过程中普及以用户为中心的设计思维，针对公众的评价和投诉建立迅速反馈的机制。

第二节　新时代大数据数字政府治理规划

一　地方政府发布数字政府规划

党的十九大以来，为深层次贯彻落实网络强国和数字经济发展战略，完成社会经济智能化系统、企业战略转型，为产业结构转型发展显示强有力的信息正确引导和支撑点，一些省份颁布了数字政府整体规划或有关法律法规。

广东省人民政府于 2018 年 10 月 26 日发布《广东省“数字政府”建设总体规划（2018—2020 年）》（以下简称《规划》），主要对 2018—2020 年广东省“数字政府”的重点实施内容以及实施步骤进行了详细的安排，明确提出到 2020 年年底，搭建统筹谋划、政企合作、管运分离的“数字政府”管理体系和整体运作、共享协同、服务集成的“数字政府”业务体系，构建统一安全的政务云、政务网，建设开放的一体化大数据中心。基本建设上接国家、下联县市、横向到边、纵向到底全覆盖的“数字政府”。《规划》规定在互联网大数据、智慧政务云和电子政务网三大信息基础设施建设的保持下，创建省统一身份验证管理中心、可靠电子证照系统软件、非税付款平台、社会信用公共平台、挪动政务服务运用平台、信息共享平台、地质环境信息公共平台、智能化顾客服务平台八大运用支撑点平台，完成扁平高效率办公协同运用、科学研究智能经济管控运用、高效率畅顺的跨域合作运用等九大政府创新应用。

浙江省人民政府于 2018 年 12 月 28 日公布《浙江推进“最多跑一次”改革创新推动政府数字化转型工作中整体方案》，明确提出了“到 2020 年年底，产生竖向对接、横向融洽、与全国各地对接、覆盖我省的数字政府管理体系”的目标；在数字政府整体架构设计方案中，明确提出了“四横三纵”的大数据平台构架，依照统分结合的标准创建了等级构架。根据经济发展管控数字应用工程、市场管理数字应用工程、公共文化服务数字应用工程、社会治理数字应用工程、绿色生态环境保护数字应用工程、政府运作数字应用工程的基本建设、政府数字化转型公共性支撑点服务平台项目建设七项关键工程，要进行三大任务：推动政务服务业务流程优化重塑，打造出智能化业务流程运用管理体系；创建一体化技术性模板支撑体系，为政府数字化转型颠覆式创新；搭建三大体制保障机制，营造数字化转型优质自然环境。

湖北省人民政府于 2019 年 1 月发布《数字政府建设的指导意见》和《湖北省推进数字政府建设实施方案》（以下简称《方案》），具体部署从政府治理科学决策、基础设施集约配套、政府服务一体化建设、工作机制系统保障、协同办公智能化集成五个方面进行。《方案》认为，要加速网络宽带基本建设，积极主动促进智慧政务内外网运用，推进建设政务云数据平台、完成政务公开资源的共享资源和对外开放服务体系；最终搭建湖北省统一线上政务服务综合服务平台，加速总体服务项目结合，促进网上申请大量政务服务中心事宜，营造高品质的一流的经营环境，探寻“互联网政务服务中心”新模式，随后推进政府门户网站规模化建设，提升政府机构办公室总体水准，推动电子文件及数字档案资料运用；创建“互联网管控”管理体系，进行政务服务大数据应用剖析，推进数字整治的关键运用；提升组织协调，自主创新工作方案，加强制度保障，提升考评监管，提升团队建设。

福建省人民政府于 2019 年 3 月 20 日发布《2019 年数字福建工作要点》（以下简称《要点》），从抓好第二届数字中国建设峰会、提升升级信息内容基础设施建设、全方位提高智慧政务服务质量、实施数字经济推动行动、加速推进信息化管理建设五个层面明确提出了实际工作标准，提升实施确保。《要点》还强调，要高精准定位、高品质地筹划第二届高峰会，提升新项目工作交接和转型发展落地式，深层次实施新形势下“数字福建省·宽带网络工程项目”行动对策，推进省机关事业单位和设区市政府部门大数据中心融合，提升自主创新能力搭建，提升互联网和网络信息安全保障；完成福建省在网上行政服务中心“一网通办”，推动闽政通 App 运用推动民生工程，发展趋势“互联网”新项目，发展趋势关键行业大数据的应用，推进单位运用信息化管理水准，推动新型智慧城市和数字农村建设，推进数字经济产业园建设，切实促进数字产业发展和产业链数字化，实施人工智能技术“双百”行动，适用和发展壮大物联网技术产业链。推进数字经济对外开放与协作。

二 国内数字政府的发展实践

为深入贯彻习近平新时代中国特色社会主义思想和党的十九大精神，贯彻执行党的十九大有关建设“数字中国、智慧社会”的战略布局，能够更好地融入当今数字化时代对政府部门治理体系和治理能力明确提出的新规定，各省份积极主动制订“数字政府”统一规划，以民生改善服务项目为管理中心，以体制机制创新自主创新为保障，全力推动“数字政府”建设，进一步提高服务项目高效率，提升营商环境，提升发展趋势驱动力，为推动我国政府治理体制创新提供了强有力的支撑点以及促进政府部门治理体系和治理能力智能化、增创营商环境新优点的重特大措施。“数字政府”是深化“互联网+政务服务”。现阶段，广东、福建、浙江、上海、湖北、安徽、贵州、广西等地，以“数字政府”建设的创新实践为抓手，促进政府现代化管理和社会治理新模式的提升，进而推进政府决策的科学化、社会治理的精细化、公共服务的快速有效性。

（一）广东：数字政府改革打造一体化“整体政府”

广东省委、省政府高度重视“数字政府”建设。在 2017 年年底做出建设“数字政府”的决策部署，提出了系统化、集约化的思路，创新政府信息化建设管理体制和机制，统筹全省信息基础设施资源，突破部门间的数据壁垒，积极探索和创新使用者思维、流量思维、平台思维、跨界思维的网上政务服务新模式。以“数字政府”建设为关键和突破点，促进经济高质量发展，打造出广东营商环境新优点。

根据搭建“政企合作、管运分离”的建设经营模式，以信息共享释放“数据红利”，从深度和广度上绘就“全省一盘棋”总体型“数字政府”的新宏伟蓝图。打造出了“粤省事”和“广东省政府门户网站”等政务服务中心知名品牌，在提高政务服务、服务效能和群众办事体验等方面取得了积极进展。广东省级政府从2016年全国第9名飞速提升至2018年全国第1名的网上政务服务能力水平，突出了广东省政府深入贯彻实施“数字中国”战略，全力推进“数字政府”改革建设取得的阶段性成效。广东正在成为全国最领先的省级政府数字化转型样板，也为在我国每个地域探寻“数字中国”建设全过程展示了工作经验，提供了借鉴。

（二）福建：数字福建提供强有力的信息化引领和支撑

2000年10月12日，时任福建省省长的习近平，高瞻远瞩地做出了建设“数字福建”的战略决策，拉开了福建省大规模促进信息化建设的帷幕。多年来，福建省委、省政府把“数字福建”建设作为21世纪的一项重大战略工程持续推进，全力激发“数字”时代的魔力，引领和推动着经济发展、社会治理、百姓生活等方面的变革。作为信息化建设先行省份，福建省在推进“数字福建”进程中，以数据资源的整合共享和信息技术的创新应用为重点，陆续推进电子政务建设促进“数字政府”建设。

（三）浙江：“最多跑一次”改革推进政府数字化转型

浙江是全国首个信息经济发展示范园区，也是国内唯一一个另外担负数据行业三个国家级试点的省份（国家电子政务综合性试点、公共性信息资源对外开放试点、政务服务信息系统整合共享试点）。近些年，浙江以“互联网+政务服务”为着力点，不断推进“四张清单一张网”和“最多跑一次”改革创新，政府部门数字化转型在审核服务项目行业首先突破，走在全国各地前列。但在统筹规划数据平台、推进机制等层面仍存有薄弱点，对决策高效率管控、精确整治的支撑点方面并未充分发挥功效，亟须进一步加强综合、健全管理体系，自主创新方法，系统化、多方位、标准化地推进政府部门数字化转型各项任务。

（四）上海：“一网通办”建设数字政府

智慧政府是电子政府、网络政府、数字政府之后的一个更高阶段，是互联网时代各国电子政务发展的重要方向，很多国际城市都将打造泛在、便捷、智能的智慧政府作为追求的目标。上海市市委、市政府从贯彻落实从重要思想从促进改革对外开放重新起航及其提高城市能级和竞争优势的高度，制订了全市“一网通办”工作职责和实施方案，并于2018年明确提出全面推进政务服务“一网通办”。历经两年的拼搏，基本上完成政府政务服务工作中以部门管理制度为中心向以客户服务为中心转化，基本上完成人民群众和公司网上办事“一次登录、全网通手机办”，线下推广“只进一扇门、最多跑一次”，基本上完成“一网通办”架构管理体系和管理机制，全方位协作、高速运转、精准服务项目、创新管理的智慧政府管理体系。

（五）湖北：数字化转型促进湖北经济社会高质量发展

为全面加速推进湖北省数字政府建设，贯彻执行习近平总书记新时期社会主义民主社会主义社会观念有关网络强国关键观念的重特大部署，2018年9月，湖北成立省数字政府建设领导小组，坚持以人民为中心的发展战略，以“互联网政务服务”为着力点，以促进政府完成数字化转型，建设群众满意的服务型政府为总体目标，以提升政府管理决策水平、社会治理能力、公共服务效率为关键，创新政务服务，提升经营环境，推动湖北省社会经济高质量发展。

（六）安徽：数字江淮培育发展“新动能”

为深入贯彻我国数字贸易发展趋势战略布局，安徽正专注于加速基本建设“数据江淮”，着力培育发展“新动能”，以推进供给侧结构性改革为主线，推动数字产业化、产业数字化。在建设“数字江淮”的同时，安徽省也加强了电子政务基础设施建设，推进“互联网+政务服务”建设、统一政务云平台建设、深化商事制度改革等。

（七）贵州省：大数据+政务引领数字政府建设

自2014年以来，贵州省以建设国家大数据综合试验区为契机，深入实施“聚通用”，推进系统整合、数据共享、流程再造、重心下沉，破解“互联互通难、信息共享难、业务协同难”等痛点、堵点和难点问题，全面构建线上线下融合的创新型服务体系作为支撑，打通服务群众的“最后一公里”，走出一条大数据助推脱贫新路子，全力打造“服务到家”品牌。贵州省加速大数据与社会管理创新的结合，促进大数据运用提升政府部门治理能力获得明显成果。获批建设国家“互联网+政务服务试点示范省”。

（八）广西：数字政务一体化打造协同高效的数字政府

为了打造面向东盟开放合作的数字新高地、数字丝路的重要门户，广西壮族自治区人民政府积极开展数字广西建设。数字政务一体化平台是数字广西建设的起步工程，是一项关系“放管服”改革、优化营商环境便民利企的重要举措，是自治区党委、政府开展“三个攻坚突破年”重要活动内容之一。为进一步加快建设数字政务一体化平台，打造协同高效的数字政府，全面提升政府治理现代化水平，广西壮族自治区人民政府在2018年印发了《广西推进数字政府建设三年行动计划(2018—2020年)》，全面推动政府数字化转型。

三　国外数字经济发展现状

各国政府将数据视为战略资源，以美国、英国等为代表的发达国家，将发展数字经济升级为国家战略，创造良好的政策、法律等环境，增强本国在数字经济领域的领先地位。

（一）注重战略引领

各国注重从国家整体战略出发推动数字经济发展。美国率先启动发展数字经济，1998年7月，美国商务部发布《浮现中的数字经济》报告，正式揭开数字经济大幕，并出台了一系列政策法规和相关举措。英国于2015年颁布《数字经济战略（2015—2018)》，倡导通过数字化创新驱动经济社会发展，于2017年发布《英国数字战略》，对打造世界领先的数字经济和推进数字转型作出全面部署。其他亚洲国家，如日本、韩国、新加坡等则是从增强信息基础设施建设、进行信息化管理应用、推动公共数据对外开放共享、培养智能化复合型人才、确保网络信息安全等各层面推动数字经济发展。综观世界主要国家数字经济的战略部署，具有三个相同点：首先是推动数字经济整体产业链发展；其次是数据开放与信息安全同步进行；最后是政府与社会力量一起推动数据应用。

（二）强化政府投入

各国立足顶层设计、突出发展重点、强化创新带动，加大政府资金扶持，引导数字经济深层次发展。美国从 20 世纪 90 年代即启动建设“信息高速公路”，对信息基础设施和数字技术发展实施大规模投入，近些年，进一步增加了对大数据、人工智能技术、工业物联网等最前沿行业的资金投入。法国投入 15 亿欧元，用于支持人工智能领域的科研创新项目、工业应用项目以及初创企业，投入 5 亿欧元支持“未来工业”技术发展，帮助中小企业与工业部门实现数字化升级。2013 年，英国政府注资 1. 89 亿英镑，专项支持大数据技术发展，投资 7. 4 亿英镑支持下一代数字基础设施建设，同时，不断加大新兴科技创新、数字技能培养、数字政府建设、数据经济发展方面的投入。韩国投入 6444 亿韩元，推进大数据及相关产业发展，未来将投资 2. 2 万亿韩元，加强人工智能研发应用。政府加大资金投入，极大改善了数字经济创新空间和发展环境。

（三）布局关键技术

各国通过资助重大项目，围绕核心技术突破，以点带面引导企业和社会推动数字经济发展。美国凭借 IT 技术领先优势，占据产业链前端，抢占在搜索服务、数据仓库、服务器、存储设备、数据挖掘等领域的领先态势。2018 年，法国发布了《法国人工智能发展战略》《5G 发展路线图》《利用数字技术促进工业转型的方案》等前沿技术政策，加强对纳米电子、人工智能、自动驾驶、5G 等技术的布局和应用。2018 年，韩国出台了《第四期科学技术基本计划（2018—2022）》，将人工智能、智慧城市、3D 打印列入该计划的重点科技项目，并将下一代通信、自动汽车、VR/AR、智能机器人、智能半导体等作为政府创新增长引擎，引领第四次科技革命的发展。

（四）推动数据应用

目前，全球有 75 个国家承诺建设开放型政府，推动政府数据公开，并以政府白皮书、宣言和最高首长指令等形式，通过整合各部门公共数据资源，建立公共数据平台，推动数据资源普惠，启动开放政府数据战略。美国政府通过 Data. gov 达成了数据开放。欧盟实施“欧盟开放数据战略”。英国政府建立世界上首个“开放数据研究所”，朝向全社会发展公布道路运输、气温和身心健康等层面的公共数据。法国政府根据执行“Open Data Proxima Mobile”工程项目，完成公共数据资源在移动智能终端上免费查询、应用。日本根据推动产、官、学协同，促进公共数据对外开放运用。另外，世界各国政府部门大力加强数据信息个人隐私保护，目前多个国家和地区制定了保护个人信息的法律。

（五）培育紧缺人才

培养数字技能人才，实现高技能人才的可持续发展，已成为各国发展数字经济的首要任务。美国颁布《大数据研究与发展计划》，通过高校和职业院校的计算机、经济等学科加快培育大数据专业人才。欧盟注重结合经济和行业需求，依托"欧盟地平线2020"制定数字技能人才发展战略，为人才培养、开发网络课程提供资助。英国颁布《英国数据能力战略》，对人才培养做出专项部署，加强全国范围内的数字技能和数字素养建设。日本加速发展IT及理工科教育，提出确保在2025年前每年培养和录用几十万名IT人才，其中顶级水平的高级IT人才要达到几万人。韩国高度重视人工智能发展的经济社会效应，发布《人工智能研发战略》，计划在2022年前创设6个人工智能研究院。从各国部署来看，数字经济发展的劣势仍然是专业人才缺乏，人才竞争、人才培养机制等成为共同挑战。

四 国内数字经济发展现状

数字经济在我国的起步相对较晚，但发展速度快。首先，在数字贸易、信息消费、数字生活、数字领域投资需求活力不断释放，数字产业化不断发展；其次，工业、服务业、农业领域的数字化改造步伐加快，产业数字化深入推进。

（一）创新能力明显提升

2018年，中国创新指数在全球排名上升到第17位，数字经济的发展已经带动中国经济发展全方位企业战略转型，处在从量变引起质变的关键节点。依靠信息技术创新驱动，不断催生新产业新业态新模式，在芯片方面，集成电路实现28纳米工艺规模量产，"神威·太湖之光"在全球超级计算机500强中名列榜首；5G、下一代边缘计算、人工智能、区块链等前沿技术深入推进，依托重大工程和重大专项，数据对社会经济发展的变大、累加、增长功效日益呈现，电子信息技术加工制造业、手机软件和信息服务业的蓬勃发展，大数据、物联网技术、云计算技术、人工智能技术等获得广泛运用。

（二）发展基础日益增强

我国是全球第一电子商务大国、第一手机支付大国、第一数字经济学生就业大国，电子商务平台及有关产业链和间接性带动就业人口已达3700万人。近些年，关键技术独立自主创新能力明显提高，研发投入年平均提高11%，关键技术、通用技术取得重大突破，“互联网+”广泛融入各行各业。大众创业、万众创新加速发展，根据2018年的统计数据显示，全国各地日均新设企业达到1.8万多家，企业数量已超出1亿户。新起消费迅速盛行，在网上零售额年平均提高30%之上，消费对经济发展增长贡献率超出60%。随着网络强国、智能制造2025、大数据等一系列重大战略部署的深入推进，以新一代信息技术为基本特征的基础设施建设水平、数据资源开放共享程度进一步提升，数字产业化与产业数字化加速推进，以数据作为关键生产要素的数字经济正在成为新型经济形态。

（三）数字产业集聚效应渐显

当下，京津、珠三角、长三角、成渝、两湖基本形成了我国数字类企业的几大区域。其中，在信息产业处于领先地位的当属京津地区，依托北京的中关村，创造了大量的数字经济处在前面的高新科技企业，而且还向外拓展产生津冀数字经济过道布局。珠三角地区则依托基础电子信息产业在广州、深圳等地区的优势，充分发挥我国高性能计算机管理中心的聚集功效，逐步完善了数字经济企业集聚的发展趋势。长三角地区由于重视加速推进物联网以及电商等领域产业和生态的发展。使得该地区变成在我国现阶段数字经济企业集聚数最多的地域，成渝地区因为智能网联汽车、集成电路等核心产业发展的优势，重新打造数据经济的新格局。两湖地域加速提升智能制造系统“瓶颈”问题，促进传统制造产业完成智能化系统更新改造升级。

随着数字经济产业的发展，资本、技术、人才要素将有效聚集，在多层次数字人才培养机制、技术创新水平、投融资创新、产业布局等方面，带动数字中国发展态势稳步前进。

（四）市场主体加速培育壮大

近年来，数字经济类企业不断涌现，品牌影响力大、创新能力强、发展潜力大、带动性强的数字经济平台企业加快发展，以数字经济企业为骨干的中小微创新型企业集群化态势明显，以区域性孵化园、“双创”平台、高校创业基地为代表，注重产业赋能和辐射带动，在推动新兴产业集群竞相崛起的同时，驱动传统产业转型升级。技术评估、知识产权服务、第三方检验检测认证等服务机构不断壮大。各地探索发展数字经济投资基金、双创孵化平台、数字化产品制造集聚区、数字经济特色小镇等，在推动产业繁荣的同时，成为企业转型、模式重构的主要推动力，为营造数字经济良好的社会氛围奠定了基础。

五 数字经济为数字政府建设提供经济支撑

新工业革命现如今的发展蒸蒸日上，随着人工智能、“互联网+”、虚拟货币以及量子技术等新兴产业的问世到繁荣发展，人类的生产、生活方式发生了巨大的变化，经济社会也因此引发了全面变革。面对此次科技革命和产业变革的重大历史机遇，我们是否能搭上这艘历史的大船至关重要，我们后续能否培育起可持续发展的产业，不仅意味着未来经济发展和社会稳定，还对各国在全球经济发展中的角色分工发挥重要作用。

数字经济是新一代信息技术与实体经济深度融合而产生的新型经济形态。随着新一代信息技术的创新应用，主要国家加速布局数字经济，导致数字经济规模不断扩大，最后成为全球经济增长的核心动力。《全球数字经济竞争力发展报告（2018）》从数字基础设施、数字产业、数字创新和数字治理四个方面对全球50个国家的数字经济竞争力进行测度，最终排名显示，美国以84.24的总分处于绝对优势地位，中国竞争力水平得分63.05，位居第二。《中国数字经济发展与就业白皮书》显示，我国数字经济在2018年达到31.3万亿元，名义上增长20.9%，占GDP比重为34.8%。其中，产业数字化规模超过24.9万亿元，占GDP比重为27.6%。农业、工业、服务业中数字经济占行业增加值的比重分别为7.3%、18.3%和35.9%。

我国数字经济规模不断扩大，商业模式不断创新，为加强政府与企业在信息化领域合作提供了经济支撑。数字经济的发展进一步促进了云服务、大数据智慧城市的建设发展，企业内政府部门展示IT商品和服务项目，达到政府信息化要求，促进基本建设“数字政府”，而“数字政府”则可以为企业出示更高品质的智能化服务项目，在分别充分运用优点的状况下，完成政府部门与企业在多行业的深层协作，搭建起数据信息社会大生态。

第三节　大数据数字政府治理总体框架

一　我国数字政府治理概况

（一）数字政府治理的覆盖面及目标

目前，我国的东部地区成为数字政府治理领域成效最为显著的地区，例如，北京市、上海市、江苏省和广东省的数字政府治理水平显然高于我国中西部绝大部分省份。但值得注意的是：江西、广西、四川、贵州、云南、甘肃和宁夏 7 个省份完成了省、市、县三级政务大厅全覆盖。其中，江西省是中间省份。其他省份都归属于中西部省份。这代表着：数字政府治理成效明显的省份不一定是数字政府治理覆盖范围广的省份。从目标上来看，在党中央的统一领导下，地方政府在数字政府治理全过程中的总体目标是一致的：在政府部门治理公共秩序的全过程中普遍应用数字技术，把数字技术普遍地应用到政府部门治理公共秩序的全过程中，明显提升政府部门治理水准，造就了大量公共性使用价值。

（二）数字政府治理经验的总结与推广

党的十八大后，在以习近平同志为核心的党中央领导下，我国开始了全方位推动数字政府治理过程，在对数字政府治理的诸多措施进行剖析后可以发现：许多措施是习近平在福建省工作时推动“数据福建省”基本建设时，完成的数字政府治理（政府部门应用数字技术治理公共秩序）工作经验的汇总与推广。从发展趋势来看，全国各省份在推进数字政府治理过程中，中央会不断对全国各地工作经验开展汇总和提升，最后产生一种具备“普遍意义”的数字政府治理（公共秩序）方式。

（三）经济因素与数字政府治理

各级政府部门在运用数字技术治理公共秩序取得显著成效，取决于国家经济实力的支撑。特别注意的是：经济实力并不是数字政府治理取得成功的关键因素，经济实力相对较差的地区还可以依据诸多因素的同一作用有效运用数字技术治理公共秩序，比如，众多领域发展趋势比较落后的贵州省于2014年进行“云上贵州”的基本建设过程，历经5年多的基本建设，贵州省的数字政府治理水准已显著高出我国许多省份，变成经济发展落后地区在数字政府治理领域获得成功的经典案例。

二 我国政府治理的对象

电子政务主题活动有三个行为主体，分别是政府、居民和企业。其中政府是以中央到地方的；各级政府居民和企业是政府服务的对象。这三个要素构成了电子政务的三个行为主体。

电子政务第一个范畴便是处理政府行政机关内部的办公系统自动化、人事或者档案保管等，之后发展到政府对企业的服务项目。政府对政府之间事实上可以细分。最近，我国在全面推动“互联网+公共服务”“互联网+政务服务”，便是要处理中央这一级政府之间的数据共享和信息的互联互通。除此之外，还要处理中央和地区的关联，据《中华人民共和国组织法》的要求，比如土地资源的应用等业务流程的审批权在中央政府；省、市一级政府要逐级汇报直至中央政府的主管机构，之前是国土资源厅，现在是自然资源部。同样地，中央政府也有一些分配方案还要向地方政府下达。

电子政务的第二个范畴就是政府对企业的各种服务项目，包括新企业到政府的工商部门来申请办理、申请注册、开创，到税务部门去依法纳税，再到其他企业去获得相关的政府支持。政府对企业的应用也在持续拓宽。政府和企业的关系在社会发展中也在不断变化。初期管控是政府对企业管理的监管，是以行政为核心的计划经济的管控。现在政府和企业更多的是一种协同，政府通过制定一些相对应的方针政策、产业链建设规划，保证经济市场的正当竞争。因此，企业大多情况下是在相关法律法规的架构中，在政府正确指引下，开展合理合法的生产运营活动。这类活动例如统计报表、纳税申报、会计的各种各样财务审计，现在政府都有相关的信息系统来支撑，这样实现了政府和企业的协同，促进中国特色社会主义市场经济的健康发展。

电子政务的第三个范畴便是政府对广大群众、对居民的服务，政府对居民的服务也在持续发展中，政府对居民的初期服务主要是简易地发布信息，或是单项工程业务流程的申请办理。随着新一代信息科技的普及化，政府服务能力随着我国居民的信息内容扩充而持续提高，政府对居民提供的服务越来越普遍，包含居民的出生、结婚、离婚，车辆、电瓶车的车牌，户口迁出、出入境签证等服务，大家都可以在网络上进行“一站式”办理。

以上三个方面是以政府作为行为主体，服务的提供方，政府组织、企业和居民作为服务的接受方，大家通称它们为智慧政务的三大传统式应用领域。

随着市场经济体制的发展趋势，企业是市场经济体制主题活动中最关键的行为主体，在文化生活中发挥着越来越重要的功效。那么企业与政府进行积极的互动交流沟通，大力支持政府的呼吁，积极填写各种各样数据信息、交纳税金，促进企业能够更好地和政府取得联系。同时，企业也会积极参加政府的各种工程项目，给政府提供各种服务。政府的权力不断下放，根据业务外包服务让企业来肩负工作责任。使得企业一方面能够获得很多的机遇；另一方面极大提升了政府的工作效能。

随着在中国居民信息化管理工作能力的提升，居民还能够积极地向政府提出各种建议和要求。之前，居民处于被动地接纳政府提供的服务；现如今，居民可以运用某种方式，例如，政府网址、手机 App 等一些信息终端设备来参与政府的公共事业管理，尤其是地方政府明确指出要加强社区治理，加强街道群团的优势，提高居民的自觉性，为政府的社会经济发展提供支撑和服务。

三　我国政府治理的目标

中国为了更好地融入新的发展趋势，也在不断推进政府创新管理，包含塑造创新理念，制定我国自主创新战略定位，推进政府管理方式转变，由传统单一的行政管理学变成由政府正确引导、全社会参与的协作管理机制。我国在推进社会管理创新和大城市社会管理创新的同时，政府也参照了一些企业获得成功的做法，包括重视以居民为服务项目主体，以服务对象的需求为主线来改善政府的治理工作。

在管理方法方面，根据数字化来不断提升监管的水准。电子政务在政府管理创新中的作用越来越重要。

塑造以民为本的管理方法观念。政府在不断健全自身的服务项目职责和服务能力的基础上，依据智能化、信息化管理、智能化系统的方法，真正地让公共文化服务数字化管理的成果惠及每一位住户，从政府数字化管理工作能力的提升中提高居民的满意度。

此外，电子政务也促进了政府职责的转变。现阶段，我国政府职能正在由过去的部门政府变为功能政府，推动了“互联网政务服务中心”建设的发展。使得政府单位从岗位职责划分、工作机制、信息交流能够完美的配合，完成互联网无缝衔接，审批合一、一网通办的政府管理和公共服务管理体系建设。减少了中间层级，此外还可以实现对政府权力的有效监督，提升了每一个层级的政务服务中心工作效能，产生优良的社会效果及其经济效益。

电子政务的建设无论是国内还是国外都有不少失败的案例。以前人们把电子政务粗浅地理解为一个纯技术项目，忽略了使之与政府管理的业务相融合。因此，最后做出的电子系统是各自独立的，形成了“信息孤岛”的现象。同时，用户使用界面不人性化，造就了电子政务系统软件虽多但却没有多少用户。

电子政务建设的管理制度也需要不断创新。过去，电子政务项目的管理是局部和分散的，建设重硬件、轻软件，重建设、轻运维是电子政务建设的特性。伴随着电子政务的发展，要想让其充分发挥出更强的功效，电子政务管理制度的运作维护和信息安全制度，需要更强有力的支撑，才可以为政府管理自主创新提供更有效的保障。因此在电子政务建设中，我们要积极主动引入新兴技术，比如，移动办公、网上监督、物联网技术、云计算技术等为政府的改革创新提供了新的手段。目前，在我国已经积极促进各行各业的资源共享、互换，新起的信息技术和电子政务发展基础理论的紧密结合，让互联网大数据政府创新管理变成了现实。

此外，在电子政务发展过程中，还要关注其他相关基础理论和方法，政府管理创新和电子政务如何形成一种积极互动，这就是电子政务目前需要解决的难题。我国的电子政务从过去纯技术部门到现在技术和行政管理相结合的部门，是在不断创新中实现的。电子政务已提升到战略层面，不再只是一个技术或一般的行政管理学提升至战略层面，而是融入了经济发展、政治、社会发展全部行业的管理方法和服务中。因而，在电子政务的基本建设全过程中，要重视需求。之前我们都是技术驱动，重视互联网、电脑设备的变化，忽略了电子政务的服务对象，包含政府内部、公司、民众的需求，造成电子政务通常没有人用。现在我们则十分重视需求牵引、技术支撑、服务优先的电子政务，让技术和政务服务来明确需求，再由需求来引领技术的应用。所以，最好的电子政务不一定是技术最好的信息管理系统，但肯定是最能反映政府、企业和公众发展需求的信息管理系统，这也是电子政务核心理念的发展。

随着信息时代的到来，电子政务的应用在不断发展，政务服务赖以生存的资源在逐渐转变，由最开始的数据资源变化为信息，事实上政府互联网大数据的积累及其政务服务信息化的加剧，让政府越来越依赖信息资源。电子政务信息的应用和政务服务信息的持续加快拓展有紧密的关系。另外，信息化使信息资源成为一种战略资源，之前项目投资计算机设备是电子政务基本建设关键，而如今电子政务基本建设则侧重于信息资源，因而信息资源变成了政府的一个关键资产。因此电子政务无论是在现阶段或是将来，在较长一段时间内都是政府互联网大数据的基本建设和发展趋势的关键，政务服务信息资源的开发设计和运用，将成为电子政务一个关键的时代特点。

第四节　政府数据资产管理

一　政府数据资产的界定

政府数据资产，顾名思义是归于政府组织拥有或控制，可以给政府部门带来社会效益或较为直接的经济效益的数据资源。

政府数据资产主要是指政府每个部门拥有的数据信息数量，如收集的各种各样云计算平台、企业资料、住户数据信息和本身业务流程数据信息等。我国具备政府数据信息的所有权，而政府则拥有对数据资产的管理权。政府把拥有的数据资产按要求的方式向群众和有关组织对外开放，从而发掘较高的经济价值，体现更丰富的价值。

二　政府数据资产的识别

（一）政府数据资产识别的原则

首先，具有创新性。现如今信息环境下，数据信息井喷式增长的同时，数据的及时性问题凸显。政府数据资产作为一种应该具有高应用价值的资源，在进行第一步识别时要有意识地着眼未来，即满足当前的数据信息需求，又适应未来发展所带来的数据信息需求。重视新的数据信息需求以及新的数据获取方法，预测分析数据信息未来的集中与分散、提高和落伍的发展趋向，对数据资产的使用数据信息需求作出前瞻性的预计，有创新性地识别会导致政府部门数据资产价值，提高数据资产应用的主动性。

其次，在识别时要重点强调应用性。一切对数据资产的组织行为的目的都是投入应用产生价值，因此针对政府数据资产组织的必要条件是数据资产的识别，还要以数据信息的应用性为原则。进一步讲，在具体中数据资产包含的信息价值是取决于数据信息开发者和信息应用者，无法制定统一的数据标准，从这一角度讲，是否可应用落地就可以作为一个考量特点。

最后，对于政府数据资产的识别还应具有目的性。无论一切机构，用比较有限的资源，如人力、物力、经费等，获得最有效的数据作为数据资产的数据来源，应提早制订详尽的数据识别方案，更为有目的性的依照流程获得和确定数据源。

（二）政府数据资产识别的流程

政府数据资产识别工作中的关键是把政府各部门的数据资源，包含国家、省、地、市统计局调查队及每个构成单位、特设组织各部委具有品质高、公信力强且覆盖范围广等宏观可以鉴别为数据资产的分类整理出来。对比上文对政府数据资产的界定，即政府组织拥有或控制并由政府有关工作部门组织协调管理，能给数据使用人（包含政府单位、各个组织、社团组织及本人）带来经济利益及社会利益的无形资产。因而针对政府数据资产的识别，关键有以下三个关键因素：

第一，数据梳理。政府组织作为政府数据资产数据源的提供者要开展数据梳理，各个政府构成单位、直属机构、特设机构等行政机关因为工作领域和工作职责的差异都有各自的数据资源管理系统。在开展数据梳理工作时，应最开始建立担负数据整理的工作。各企业负责人分别在自身的企业应用数据系统中收集合乎初筛规定的数据资产，最后将数据装包提前准备递交下一个流程。

第二，价值评估。由于政府组织和政府数据资源的储存量的巨大，全部数据并不一定都可以转化成数据资产，仅有合乎政府数据资产特点的数据才可以变换为数据资产。因而，我们可以对数据使用者根据系统挑选出有经济价值的或是能够产生价值的数据信息来作为最初的数据资产鉴别全过程。以朱丹为代表的学者在研究中构建了政府数据资产的价值评估模型，此模型运用了成本收益法为基础考虑成本及数据风险。政府数据资产的鉴别便是完成将政府数据资源变化为数据资产，随后完成数据资源的财产化，梳理后充分发挥其使用价值。数据资产的价值评估是根据一定的资产报告评估方式对数据信息在一定时间点上的使用价值开展量化分析的全过程。

第三，资产确权。数据信息的拥有者把数据资产信息依照有关要求在资产报告评估部门开展备案，随后部门对这种数据资产开展审批，审批之后在评定部门的服务平台上对这种数据资产的信息进行公示，在公示全过程中，没有别的机构和个人对这种数据资产提出质疑，那么这种数据资产就属于最初数据资产备案的具体拥有者。可是在公示公告期内有其他组织和本人对这种数据资产提出异议，那么评定部门则应当征询相关权威专家对其隶属权开展再度确定。

三　政府数据资产的管理机制

本书提出政府数据资产的管理应该从组织工作三个角度进行管控：涉及人员、内容和规范制度，分别形成三种机制：机构工作人员认责体制、数据信息内容管控体制和管理制度保障体系。从外部经济和宏观经济的总体视角考虑，根据数据库管理体系基础理论，对政府数据资产的基层党建工作完成统一把控，目的是为政府数据资产管理方面展示一定的理论创新。

（一）组织人员认责机制

工作人员管理工作是政府数据资产管理最基本性的工作之一，要想在一定程度上能够减少工作障碍，使工作效率提高，必须要明确权责，还要构建适应数据管理的健全的人才结构，这一节将会对所有涉及的组织者的职责和对人员机制的形成进行描述。

1. 确立机构工作人员岗位职责

要想完成政府数据资产的合理管理，机构的每个工作人员就要清楚自身的岗位职责，各尽其责，相互之间融洽，使政府数据资产管理的工作进一步加强。

第一，数据提供者。即原数据的提供者，原数据在数据资产开展管理的全过程中的必要性显而易见，数据提供者是全部政府数据资产管理的最基本性的一环，也是最开始的一环，也是这种数据的关键责任者。作为数据提供者的政府各单位不但应积极主动依照相关数据出示规范标准和录入数据，还应当严格执行相关数据监管规范，另外，选取了解信息科技相关基础理论具备优良的信息资源整体规划工作能力、对成本管理有一定的掌握且对单位业务流程了解的工作人员承担提供数据的工作，那样不但有益于数据最前期的质量管理还能保证政府数据资产机构基本工作的标准规范完成。

第二，数据开发人员。数据开发人员主要是以技术为立足点，确保政府数据资产管理中数据的品质和内容，开发设计工作中是数据资产管理中的次要责任人，是政府数据资产机构的支柱性工作。也是政府数据资产机构不能缺少的工作部门之一，在其中相关的开发设计工作人员务必规定对信息管理系统的基础知识熟练掌握，能够利用有关专用工具、组件开展开发设计、运维管理等工作，具备强劲的测算逻辑思维能力，能出任科研开发设计方案、数据剖析建模等一系列工作。数据开发人员为政府的全部数据资产管理工作提供必需的服务支持，在维护保养信息管理系统的同时也对数据的品质和安全性负有不可推卸的责任，是机构工作人员构成中的重要一环。

第三，数据管理者。数据管理者在政府数据资产管理中不仅仅决定数据应用管理权限，对于政府数据资产组织管理来说起到了统筹全局的作用，肩负着接收落实上级制定的有关政策，同时决定政府数据资产的使用权限的重要职责。另外对数据资产管理单位的工作员规定也是较高的，不仅要了解掌握各类业务流程的管理方法，也要有各类专业技能，从设计规划到追踪操纵到风险分析，随后从认知到数据资产组织管理中存有的各种各样难题并采用挽救计划方案，沟通协调能力也是必不可少的，数据管理者也要担负传递相关部门领导干部的工作要求，同时汇报每个部门工作具体的开展情况。

2. 工作人员认责体制形成

认责体制的创建就需要将各个阶段的工作切实落实，依据对参加了政府部门数据资产工作中的每一个工作人员责任清楚产生认责机制，使每一个阶段的工作都可以落到实处，随后推动政府部门数据资产的进行。数据服务提供者——政府部门、企业依据数据治理规定提供数据，随后接受来源于数据资产管理部门的数据监管考评确保数据在这里全过程中的合规，确保后续管理活动的有序进行。开发设计部门作为数据的开发人员务必依据数据管理部门出示的一些数据技术标准让系统软件信息专用工具等稳定运作，同时根据信息使用者的反馈及时调整给数据使用者提供有力的应用保证。政府部门各单位承担数据资产管理的部门作为数据管理人员，承担上通下达的枢纽部门，要接纳上级单位有关数据的相关现行政策和治理办法的执行战略方针并严格依照规范贯彻落实到实际工作中，依照等级分类监管规定设置数据资产使用者可应用的数据范畴，换句话说，决策数据应用管理权限，可以说数据资产管理部门作为数据管理人员针对全部数据资产组织协调全过程中的相互配合具有尤为重要的作用。

人员认责机制的形成，使政府数据资产管理中所涉及的具体部门、人员的有关职责更加明确，为数据资产管理提高了效率，让政府数据资产实现可管理、能落地提供了有力的保障。

（二）数据内容监管机制

政府机构的数据资产管理应在遵循 DAMA 数据管理体系的基础上，应用政府部门数据资产的组织方式方法去凸显政府部门数据重点的管理方法，以数据模型为基础搞好数据质量、数据安全性监督工作，保证数据内容的高质量、高安全系数稳定输出。

1. 数据模型管理

连接现实数据世界与计算机语言世界的媒介是数据模型的功能，一般是通过描述数据的结构、操作和约束三个重要部分组成数据基本模型结构。大体上看，数据结构主要是依据数据本身（比如数据的种类、数据的内容等）开展描述的最基本的一部分，数据实际操作和约束都建立在数据的结构上，数据模型按照不同的运用层级可分成定义概念数据模型、逻辑型数据模型和物理学数据模型三种。

数据模型主要是处在较高层次的，一般主要基于应用领域范围及部门相互关系抽象出的数据模型。数据模型进一步细化就变成了逻辑模型，进一步定义了每一个实体、实体的特性和每一个实体间的关联，在数据资产的管理中逻辑模型的建立能够与组织工作过程的思想相吻合，采用层次模型、网状模型等建立关系，因而逻辑模型的建立一定水平上维护和保证了数据的一致性。简易而言，物理模型能够用电子计算机表示，建立政府数据资产为主体的数据模型要求能够有效实现政府数据资产的内容管理。

可以通过相关的技术工具的运用来实现数据质量管理工作，在其中涉及应用数据规范化专用工具创建标识符等对数据开展分析，让数据资产牵涉的数据特点完成单一形式的规范化变换，又如数据转换工具当发生数据不正确或别的数据产品质量问题时根据取代式技术专用工具开启对数据开展格式转化。

数据质量管理在整个政府的数据资产管理工作中是非常重要的。若数据质量管理工作没有严格落实会导致日趋恶化的结果。在该类循环系统中再要想开展改进就需要投入昂贵的成本，充分考虑政府数据资产整治的成本费，在源头重视开展数据质量管理是必不可少的。

2. 数据安全管理

数据安全管理是为了能够有效预防数据泄露等问题的发生，政府数据信息如果涉及保密问题那就有着极为重要的作用。有效地开展数据安全管理则可以有效预防数据泄露等问题的产生，它必将成为政府数据资产内容监管机制的重要一环。

（三）管理规范保障机制

宏观层面对政府数据资产的管理主要在于贯彻落实各种各样标准保障机制。确保从预算连动到数据管理制度、管理体系创建到工作人员管理工作开展得秩序井然，从多方位的视角保证政府数据信息内容管理工作的开展。

1. 产生预算连动确保

政府数据资产事实上是以数据信息内容为表达方式的财产，对于预算连动确保，务必充分考虑政府信息化管理预算，保证政府数据资产管理建设与信息化管理费用预算整体规划的灵活性，保证外置审批的可行性。根据政府数据信息的内容来统一整体规划、建设和管理信息化建设的整个过程。对建设方法进行转变，将单一系统软件转化成互联网大数据的综合建设，提高数据信息的共享资源和工作内容的统一，充裕促进云计算平台信息内容在各机构内部起功效，防止不断重复建设，降低资金消耗，将“统一计划、统一建设、统一购买服务、综合资金保障”的规定贯彻落实，保证预算能够与信息化的总体规划相符。

2. 创建规章制度管理体系

创建一套完善的覆盖政府数据资产管理全流程管理规章制度，即从数据信息的录入到机构，到运用所有全过程的管理标准，能够从多方位的角度把握政府数据资产的管理工作，从而完成政府数据资产组织管理工作中的有据可循、有理可依。

3. 进行学习培训落实工作

进行学习培训是执行数据资产管理的关键一步，是政府数据资产管理计划的贯彻落实、是全方位落实每个步骤实行的根基，是政府数据资产管理涉及数据信息出示各单位中间顺利进行工作的强有力确保。

本书在针对政府数据资产的管理体制设定上，依据外部经济方面所涉及的组织工作人员和数据信息内容考虑，确立了政府数据资产在管理应用中所谈及的每个人物角色岗位职责，形成了工作人员认责体制，在实际的数据内容方面上，作为每个部门工作人员实际操作服务项目的目标要从实体模型搭建考虑保证品质和安全两个层面，在宏观管理视角明确提出了管理制度保障体系，保证了政府数据资产管理工作从外部经济到宏观经济科学研究的一致性。

第五节　大数据政务数据安全可靠保障

一　大数据政务数据安全可靠保障

《中华人民共和国网络安全法》，是我国特别针对网络安全管理而出台的一部法律。更合理地推动政府数据资源对外开放共享资源，促进技术革新和社会经济发展。

该法律的第四章“互联网网络信息安全”，详尽地论述了对私人信息隐私保护安全的维护，并从网络运营者、个人以及国家网信部门和有关部门这三个角度分别作了相应规定。网络运营者要建立健全用户信息保护制度，为确保所收集个人信息的安全，采取必要的技术措施以对采集的个人信息加以严格保密；任何个人向网络运营者提供的个人数据都受到法律保护，对于个人数据被泄漏、盗取等行为能够进行维权，另外一切个人都是有维护网络信息安全的义务；国家网信部门和相关部门针对自身悉知的私人信息、商业机密等要严格保密协议、不可泄露，依规执行互联网网络信息安全监管岗位职责。

《中华人民共和国网络安全法》虽不是专为保护数据安全制定的法律，但它在保护个人数据，国家安全等方面将发挥重要作用。一方面，在国家安全的层面将充分发挥关键功效，为公众保护数据提供有效的途径；另一方面，提供有效的数据保护手段，防止数据泄露和盗窃等。限制不良行为，并为公开共享政府数据提供积极的途径、有效的安全保证。

随着电子政务建设的逐步深入，电子政务的安全问题日益突出，这应该引起我们的极大重视。党的十八大以来，中共中央高度重视发展网络安全以及信息学。在第十一次秘书长的网络安全和信息学工作会议上，习近平总书记作了一系列有关新时期我国电子工业发展的重要指示。政府事务的发展提供了基本的合规性。没有网络安全，就不会有国家安全。与电子政务有关的安全问题引起了人们的关注。我们电子政务项目的最终目标是建立一个透明的政府，为公众和企业提供阳光安全的政府服务。但是，黑客、间谍和其他犯罪分子通过信息社会化和对政府信息的开放去打开了“入侵之门”。电子政务系统是政府和公民使用的信息交换平台。由于电子政务系统本身使用的程序和设备并非全部是本地生产的程序和设备，并且这些程序和设备所使用的技术也不是我国可以完全控制的全部，所以电子政务的基层安全性很重要。

监管数据安全和私人信息隐私保护是政府数据开放的前提条件。政府单位储存的数据不但是商业服务数据，还包含很多与个人数据相关的户口数据、车辆安全管理数据、税款数据和住户备案数据。在大数据的背景下，政府数据的共享资源和对外开放当然会牵涉个人数据和网络信息安全。增强数据安全性，正确使用个人数据并有效保护隐私。显得尤为重要。

二 数据安全的组织机构保障

（一）大数据管理局

《推动大数据发展趋势行动规划纲要》明确提出要在2018年年底

完工国家政府数据统一开发平台，在政策指导下很多省市纷纷建立起大数据管理局，大数据管理局承担着政府数据开放平台建立与完善的职责，例如贵州省政府数据开放平台的主办单位是贵州省大数据发展管理局，承办单位是“云上贵州”大数据产业发展有限公司。大数据管理局同时也承担着保障数据安全的职责，它们是推动政府数据开放共享的坚实力量。

（二）网络安全管理局

网络信息安全管理局是归属于我国工业和信息化部下属的一个机构，它不是专门负责政府数据开放共享的机构，也不是专门保障数据安全的机构，但它能够在我国政府数据开放的安全保护上发挥巨大的潜能。主要原因有以下几点：第一，它承担了网络数据和用户信息安全保护管理工作，例如安全监测预警、威胁治理、应急管理等，这是最重要的一个方面。第二，它组织拟订信息安全规划、政策和标准并组织实施，制定并推广相关法律法规可以营造良好的法律氛围，是保护隐私安全的重要武器。第三，它是信息安全评估的责任者和实施者，隐私安全保护也需要一个完善的评估标准。网络安全管理局下设综合处、信息安全处、网络与数据安全处以及重要通信处四个处室，其中网络与数据安全处在隐私安全保护上起着举足轻重的作用。

三　数据安全的标准保障

数据检测标准是组成数据安全性保障机制的关键构成部分。现阶段，在中国都没有制定专门的数据安全性标准规范。我国现有的信息安全技术标准中对数据安全有一定的阐述，数据安全和信息安全是两个不同的概念，却息息相关。现有的信息安全技术标准在保障数据安全上有很大的参考价值。

四　政府开放数据的监管

政府对开放的数据进行有效的监管有助于提高开放数据的质量。改善数据质量的管理是公开政府数据的命脉。与传统数据管理相比，大数据的特性（例如，复杂性、多样性和速度快）给政府数据管理带来了更大的挑战。它更需要高质量、高价值的数据来支持政府，才能为政府和用户的科学、民主的决策提供重要的依据，因而，政府数据监管的关键是保证政府搜集，对外开放和应用的数据具备精确性、可靠性、稳定性和一致性的特点，并为政府和个人决策提供重要的资源。

对外开放政府数据的管理方法将合理地推动对外开放政府数据的应用。政府数据监管与传统定义上的数据管理方法不一样，政府数据监管的关键总体目标是根据数据监管的应用来提高政府数据的应用。

第三章 数据时代与政府治理

第一节　互联网与智慧政务

互联网已经慢慢融入我们社会生活的各个方面。无处不在的互联网与人们生活中的基础设施紧密联系在一起，如水和电。当前，传统产业通过互联网的转型升级正在一步步成为现实。互联网和传统产业的融合，可以更好地满足市场的个性化需求，提供我们所需要的更加智能的产品和服务，这样可以催生出更多新的产品和业务。

经过20多年的发展，互联网已紧密集成到政府治理中。“互联网+”已出现在医疗、教育、运输和金融等第三产业中，形成了互联网医疗、互联网金融、互联网教育等。同时“互联网+”正在加速其在第一产业和第二产业中的渗透，“互联网+农业”充满潜力。从组织农业生产的方式到农产品流通的方式，这些都将为农业带来新的机遇。

互联网平台已变成新式生产制造、传播服务平台，变成承载大家价值观和人文情怀的数据室内空间。“互联网技术”是一种信息能源，是一种工作能力，是逻辑思维的变换，是生产方式的升级，是信息的汇聚，是技术性的自主创新。“互联网技术”的实质是传统网络化、数字化，网络时代让政务服务更“智能化”。哈佛大学经济师泰勒·本恩强调：“从未来的视角来看，我对互联网技术的看法与前景十分开朗，可是就现阶段来讲，我认为大家夸大了它的能量。”互联网技术自主创新非常容易，让任何地方、任何人都越来越具有想象力。怎样应用互联网技术的方式方法和互联网技术的逻辑思维与中国实体经济紧密结合，推动中国实体经济转型与发展，还有很大的思考空间。如泰勒说，“在涉及经济的绝大多数行业，医疗、文化教育、政府、零售业等，互联网技术对它们的融合还仅仅是开始”。

一 智慧政务成政府治理发展新形态

智慧政务的基本建设是完成智慧政务升级发展的突破点，是企业型政府迈向服务型政府的必需物质，也是正确引导新型智慧城市基本建设的主干线。总的来说，智慧政务的发展趋势展现以下五个方面的特性。

（一）公共服务覆盖范围日益广泛

智慧政务不断完善服务项目类型，公共性、便民利民业务流程不断健全。融合业务流程职责和用户需求，在不同水平上融合文化教育、医疗服务、交通出行、学生就业、个人社保、住宅、服务企业等行业的有关现行政策、手册信息、业务流程报表、业务办理、疑难问题等资源，以便于客户和公司应用。

（二）民生互动交流渠道不断完善

许多政务服务网址已创建了多元化的互动交流平台。九成之上的地区政府网址根据领导干部邮箱、群众留言板留言、网上咨询、在线投诉等方式，接纳群众和公司的咨询、举报、意见与建议；七成地区政府企业网站建设了在线问卷调查、民声征选、建议征选等频道，完成线上建议递交通道；近三成的政府网址启用了直播间零距离、民生在线等即时互动平台，与群众开展深入交流。

（三）网上办事大厅促进互联互通

为了更好地处理职责交叉重合造成的“信息荒岛”难题，将“联而堵塞”变为“数据共享”，全国各地许多大城市和地域都是在积极推进建设网上服务大厅，将此作为打造智慧政务的重要环节。根据网上与线下推广的服务项目融合，将相关工作部门有机联络成一个整体，完成业务查询的数据共享。人们能够在智能机、电脑上等好几个终端设备申请办理业务流程，随时查询服务指南、进展步骤、审核结果。网上服务大厅的基本建设，为打造服务型政府、法治政府奠定了基础。

（四）“政务＋新媒体”拓展沟通边界

越来越多的政府单位重视并运用新的网络平台，强化宣传和互动交流效果。如根据政务微博、政务微信公众号等，大力开展微访谈、微直播、微话题讨论、微答疑解惑，扩宽了政府网友与公众互动交流方式，拉近了网友与政府之间的距离；以文本、照片、视频、采访等多元化的讲解方法，对有关现行政策的制定情况、根据、用意、执行途径等开展详尽讲解，以便广大群众了解。

（五）数据是未来的“石油”，是未来的资源和宝贵资产

数据信息是未来的“石油”，是未来的资源和宝贵财产，面对信息化、智能化的新趋势，充分利用云计算技术、互联网大数据等互联网技术及新技术应用，创建政府管理方法与客户体验之间互相促进的稳步发展，全方位提高网络时代包含社会经济发展、社会治理、生态环境保护、文明建设、生活服务等各个方面要求的服务能力，打造出智慧政务新模式，是大家共同的义务和重任。

二　智慧政务发展五个推进

将来，智慧政务的发展趋势是“云服务器、平台思维、对外开放全透明、线上新鲜、共享资源合作”五个方面。应当从五个层面去开展推动。

（一）与简政放权相结合

大家须依靠“互联网技术”新模式的东风，贯彻落实深化体制改革。发展趋势智慧政务，是完成深化体制改革的关键方式；推动权力下放的执行，是自主创新智慧政务的指向标。

（二）与百姓需求相结合

客户体验才是硬道理。我国现在有6.5亿人的网友客户，等同于我国人口的一半，可以说经营规模巨大。普通百姓从舌头、足尖到手指尖，手指尖上的日常生活很广泛。已全方位运用智慧政务服务项目，应该始终坚持客户“要求导向性”，创建政府管理方法与客户体验中间互相促进的稳步发展，达到网络时代众多网友的服务项目要求，清除政府服务项目提供与用户需求之间的“距离”。

（三）与互联网技术应用相结合

智慧政务的“智慧”，务必要借助云计算技术来完成。具有经营规模的互联网技术企业及其别的组织的各种公布数据信息、政府智慧政务在日常申请办理业务流程转化成的数据信息，全是智慧认知的数据信息原动力。根据对这种数据信息开展深层发掘和多维分析，能够比较精确

地把握政府服务项目的全过程动态性，掌握群众要求，做出智能化的管理决策和服务项目。

（四）与互联网公司紧密结合

全球正越来越扁平化设计。随着“互联网技术”的进行，智慧政务的很多信息持续聚集组成互联网大数据，数据信息作为互联网大数据的关键解决方法之一，可以完成多维信息到使用价值资源共享的超越，数据信息社会发展、数据信息管理决策和数据使用价值三位一体，将变成互联网时代的显著标志，互联网公司的功效特别明显。智慧政务不可以只靠政府来做，要激发社会力量，尤其是互联网技术、互联网大数据等公司。腾讯官方、阿里巴巴、百度搜索等互联网公司正和政府、大城市进行深层协作。如根据微信公众平台创建大城市保障体系，这其中的许多内容都和政务服务有关，包括诊疗、公安机关户政、出入境签证、交通、文化教育等；阿里巴巴根据“预测分析物价指数”支撑政府的管理方法；百度搜索的交通实时路况数据信息对减轻交通堵塞有着重要的意义。

（五）与网络安全相结合

网络信息安全中，智慧政务安全性是尤为重要的一环。建设网络强国，智慧政务要首先强劲起来。近些年，政府网络遭黑客攻击、内容被伪造、数据信息和客户信息遭泄露等问题日益凸显。因此，智慧政务基本建设必须每时每刻把安全性放到首要位置。

第二节　治理现代化目标与政府智能治理

伴随着国家治理现代化变成全方位改革创新的总体目标，政府整治的智能化系统与新一轮人工智能技术智能科技相一致，变成国家治理现代化的必由之路。政府智能化整治在传统式政府整治的基础上，根据治理主体、治理客体及治理全过程三个层面与传统式政府整治对接，从系统化、民主建设、法制化、高效率化及融洽化五个视角大力开展国家治理智能化过程。政府部门遭遇智能科技产生的治理难题与发展趋势挑战，迫使其作出相对应防范措施即恢复新时期的发展趋势规定。

党的十八届三中全会明确提出将治理体系和治理能力现代化作为全

方位改革创新的总体目标，注重国家治理体系和治理能力现代化为社会主义民主社会主义社会智能化工作发展打下基础。伴随着人工智能现代时期的到来，在我国在创建智能化国家治理体系、完成国家治理能力现代化的道路上，要将治理现代化与互联网时代的时代特点紧密联系，进行现代化治理大部分的国家治理现代化。政府部门作为一个多样化国家治理现代化的治理行为主体，治理方式的现代化具体体现在现代化治理方面，从治理主体、治理行为主体及治理整个过程三个方面与传统政府部门治理连接，从专业化、民主建设、法治化、高效率化及和睦化五个角度积极开展国家治理现代化全过程。另外，对社会主义民主新时期国家治理的现代化展示合理的方式具有重要意义。

一　智能治理的内涵

智能化治理是人工智能技术性阶段下现代化国家治理的重要发展趋势，是“人工智能技术性以政府单位等拥有的互联网技术互联网数据为依靠，运用人工智能技术性、专业性综合服务平台具备的强悍计算能力和出色的算法，通过对不同应用场景的分析，单独转换成相对性应解决方案的治理方法”。互联网大数据是支撑智能化治理顺利执行的基本性资源。

二　新时代智能治理的发展机遇

（一）治理的制度化、规范化

公共权力是政府部门执行一切岗位职责为普通百姓的共同利益和国家建设规划的重要支配权依据，对保持政府部门优良运作具备至关重要的作用，是政府部门治理的先决条件。政府部门管理公共权力为政府部门岗位职责界定系统化、企业运作可持续化、战略决策高效率化及行政机关结构合理化提供必要条件与基础。智能化政府部门智能化治理基本建设为公共权力的专业化提供优质的政治环境，依靠互联网技术互联网大数据和人工智能技术性专业性的智能化治理使公共权力更标准。

（二）治理的民主化

智能化政府治理专注于完成行政部门全过程更高端的民主建设，根据智能化政府部门的建立和智能化治理的社会实践活动，借助人工智能技术性方法进行民生信息内容的多方位收集，借助政民互动交流沟通的区块链应用确立人民群众意愿描述，借助互联网舆情信息内容智能化系统精准定位民生主导性。

（三）治理的法治化

在政府部门治理进入智能化治理阶段，政府部门治理的法治化建设面临更高层次的需求，政府部门公共权力的维系与约束对智能化治理明确提出要求，无论是行政权力的监督，还是行政伦理的规范或者行政技术的孵化，智能治理的产生对于治理法治化建设都是一种机遇。因此，在我国法治化基本建设与信息科技改革的共同发展趋向阶段，政府治理的法制化必须是优秀的法制化发展模式与智能化治理方式相结合。

（四）治理的效率化

政府部门治理规定保证，既要十分重视行政机关整个过程的支配权运行高效率，又要十分重视城镇化发展高效率，智能化治理方法为政府部门管理效益和城镇化发展高效率的提升提供保证。在智能化治理化政府阶段，信息科技性的发展趋势为政府内部创新发展提供专业性支撑，为管理效率的提升创造机会。

（五）治理的协调化

治理融洽化包含单位融洽、等级融洽和行业融洽。单位融洽是指在政府内部每一个行政机关中间都拥有共同治理权的事务管理协调治理，智能化治理使每一个单位的行政单位权力被智能化，促进各部门之间合作治理。等级融洽是中间和地区政府治理融洽，在国家方面的治理管理体系和治理工作能力智能化的基础上，地区政府要搞好与中间政府的融洽沟通交流，另外，中间政府积极主动征求每个地区政府有关地域治理的状况，立即调节现行政策的统筹规划。行业融洽指政府治理、市场销售治理与社会经济发展治理三个治理领域之间的和睦，确立各个领域治理界限，推动治理主体的协作治理。

三　新时代智能治理的挑战预警

（一）行政体制性障碍

执行标准政府管理体系以本位主义的层级制为核心，有效保证行政运行效率的提高，使社会问题依据向下的单侧传送到政府议程安排分配，最终形成强大的具体行政战略决策。在社会主义不断发展的新形势下，以往的政府科层制管理体系要融进尖端技术的快速发展趋势，智能化治理对政府体系管理创新发展提出迫切要求。政府智能化治理的发展趋势尚停留在政府治理常用工具层面，尚未形成与行政管理体系高度融合的治理方法。

（二）关于数字意识形态

智能技术应用的密闭化和不透明的数据信息运用，使政府治理的技术性来自趋于缺失行政支配权控制，变为政府体系管理中的独立技术性成分存在。虽然在行政整个过程的中间阶段民主建设高水准推动，民生描述方法随着信息科技而拓宽，但若行政的意识形态工作存在误差，治理的民主建设将与行政部门目的乃至发展相背离。

（三）人工智能去法治化

智能治理法治化全过程中应将法律与技术充分融合，塑造技术专业的法律技术工程师，使其维护保养智能治理中高新科技运用的法治化路面；推动法律技术 2 个行业的协作，为技术和法律在政府治理行业共同发展趋势协作构建优良的自然环境，使政府智能治理全过程中的技术运作在法律的约束之下。

（四）技术局限性

技术问题集中反映了智能治理对行政效率的要求，在新一轮科技革命发展中，技术是一切应用的核心，政府在智能治理过程中不仅要把握技术与行政的结合，更要掌握核心技术，以独立发挥对智能治理的中心作用。

（五）大数据共享壁垒

现如今，政府过度依靠公司协作造成技术主体性不够，欠缺引入技术型优秀人才的驱动力和诱惑力，它是智能搭建全过程中政府遭遇的难题。“当下政务服务中心互联网技术互联网大数据在扩大开放与资源共享整个过程中仍然存在技术性薄弱环节、企业利益、安全系数陷阱、责任追究制度压力与房屋产权年限担忧等重要阻拦和碉堡，伤害政务服务中心互联网技术互联网大数据的充裕设计开发和应用，扩大行政成本费、管理制度成本费和和睦成本费”。现阶段政府行政体系的科层制导致信息内容的传递遭受打横企业间和纵向级别间碉堡，没法形成详尽的资源共享体系，没法从全面性角度充分考虑治理的合理化，使政府治理缺失续存的系统化依据。

四 新时代政府智能治理路径

（一）执行行政体系资产重组和智能治理核心理念塑造

第一，在行政体系内部以智能治理核心价值关键下的扁平化图标、智能化行政体系取代原先的级别管理制度，体现出政府各级别间的治理差异，有效促进各企业之间的信息内容沟通交流与资源共享。第二，做好行政改革创新各项政策基建项目，营造行政工作人员智能治理意识，提高对智能化的管理模式宣传策划方案，完善智能治理下的行政改革创新。

（二）加强政府对人工智能体系算法的控制与监管

第一，提高政府对行政智能管理方法体系的技术性控制。第二，保证政府智能治理管理方法体系发布，一方面，保证普通百姓具备对政府行政过程的监督权，公开透明地进行治理的智能化基建项目及确保治理过程中民主建设的提高，为政府行政部门的合理化提供外在保证。另一方面，依据政府智能治理系统的发布使政府行政部门工作更高效。第三，在智能治理智能终端提高对行政部门整个过程中蚁群算法运行的监管，依据行政部门上下左右社会问题的治理情况的对比，监管智能治理安装体系的意识形态在工作中渗透。

（三）建立治理的法律技术合作机制

智能治理法治化整个过程中应将法律法规与技术充分结合，培育专业的法律法规项目工程师，使其维修保养智能治理中创新科技应用的法治化地面；促进法律法规技术领域的协作，为技术性和法律法规在政府治理领域一同发展趋向协作搭建优质的地理环境，使政府智能治理整个过程在法律法规技术性运行的监管下。

（四）促进政府占领行政治理技术高地

第一，再次加强政府与技术型公司的智能治理管理体系的技术协作，同时变化合作模式，变政府购买服务的方式为更深层次的购置部分技术要素的管理权，开展深层次协作，提升政府对技术型企业技术性管理员权限的管控；第二，提升政府对技术型高层次人才的吸引力，制定向技术型人才引进倾斜的政策，以激励技术型高层次人才进入政府企业；第三，对目前行政工作员开展技术学习培训，以融入智能治理对人力智能的运用。

第三节 智慧政务大数据与政府数据治理

智慧数据信息，实际上是政府企业在实行对大城市、社会发展、群众的服务项目、管理方法等行政职责全过程中，拥有管理的数据信息。可以说，自从执行行政管理职责开始，就在不断形成政务服务数据信息（智能化以前的纸版材料，如档案资料，也可算是政务服务数据信息的一种），而自政府单位 IT 信息化规划以后，智慧小区数据信息则展现爆发式提升，经过多年积累，产生了大量的数据信息，同时产生了“智慧小区互联网大数据”。

智慧政务数据相对于其他数据而言，具有很大的特殊性和特点，即它是可信度最高的数据，是最有价值的数据，是价值密度最高的数据，是延续性最好的数据，同时也是最为敏感的数据。

一 智慧政务数据治理的必要性

政务数据，既是城市管理与服务过程中产生的数据，同时也是完成城市管理与服务所依赖的数据。例如，市民的婚姻登记信息，可能涉及生育（一孩二孩）、房产（购买商品房、政策房）、教育（小孩上学）、继承（遗产继承资格）、金融（配偶账户销户和资金转移）、养老（虚领养老金）、收养、就业、医疗等各个方面。不同的信息将导致适用的完全不同的政策条款和依据。对应该信息又涉及民政（结婚离婚登记）、司法（离婚判决）、医院（配偶死亡开具证明）、公安（配偶可能的非正常死亡）等多个部门。在这种情况下，如果民政、司法、公安等部门的信息系统不互通，市民又无意或者有意地不去派出所及时变更，便可能造成房产、教育、继承方面的错误处理，这种由于信息错误所带来的管理失误，往往很难纠正，甚至牵连更广，进而引发一些社会问题。

同样地，由于信息不互通、不准确所带来的诸如同一身份证结婚两次，离婚后债务分担，丧偶后死者依然领养老金之类的情况也偶有发生。通过对政务数据进行整理和规范，解决可能出现的问题，建立全网统一的、实时的、准确的权威数据资源以供各部门、职能单位共享，是数据治理的核心目标。

二　完成政务数据治理需要注意的几个方面

政务数据的治理，是一个烦琐、枯燥而又不得不认真细致完成的过程。在这一过程中，需要重点注意以下几个方面。

（一）需要数据落地

数据互联互通是件非常困难的事，因此在某些地市，采取折中的方式，即仅开发互联互通的接口，并不将各职能部门信息化系统中的数据提取出来集中构建数据平台，而采取“随用随取”的方式，即“数据不落地”。这种方式虽然也构建模型完成一定的数据治理操作，但一方面数据的多源性（同一数据来源于多个部门的不同系统）、调取数据的随机性（这次和下次从多源中获取数据的顺序不一样）、数据本身的质量误差都会最终导致数据治理的失败。另一方面这种“随用随取”的方式无法实现历史数据的积累（数据不落地）和更新（无需求则不取最新数据），因此基于大数据分析的大量应用都成了无源之水。

（二）需要对政务数据有较为清晰的理解

政务数据大多有确切的内涵，数据与数据的关系错综复杂，这种相互关系是对数据进行复核校验的逻辑依据。只有对政务数据有较为清晰的理解，才能更为有效和无误地完成数据治理，无论是对于数据合理性的判断（如身份证号 18 个数字有着明确的定义，某地就曾有出现过 1865 年出生日期的身份证号，明显是错误的），还是对于多源数据对比校验的逻辑定义（以哪个部门的数据为主，或如何比较多个冲突数据间的时间记录，以便于获取最新更新的数据值），都依赖于对这些数据的深刻理解。

（三）需要有丰富的数据治理经验

这一点与对政务数据理解一样，都是基于对数据的理解而取得的。这种理解和经验，没有太多的理论依据，完全需要实践的摸索，一点一点积累经验而成。城市信息化建设中，很多职能部门的信息化系统建成多年，对于数据没有相关的文档留存，甚至连建设方都已注销解体，或不配合，在这种情况下，如何快速地分辨数据的含义、数据之间的关联关系，都需要依靠长期积累的实践经验，才能迅速找到路径，否则只能“望洋兴叹”。

（四）需要有大量数据治理模型的积累

我国政体上下统一，从中央到地方，部门划分、部门职责、服务与管理事项基本统一，对于某些垂管部门，甚至“国家—部委—省—市—县—乡镇”全盘一体，这也就意味着各地市的职能部门信息化系统基本一致，哪怕是由不同的企业承建的，但其中重要的数据内容也会大部分相同，跨部门的数据间的逻辑关系也基本一致，这就意味着可以使用几乎相同的数据治理模型。这种数据治理模型本质上也就是数据治理经验积累的物理载体（成熟的开发人员是经验载体）。这种数据治理模型积累得越多，政务大数据平台的开发（数据治理是其中最耗时的一环）则失误越少、效率越高、可靠性越大。

国家层面越来越重视政府部门的服务职能，越来越重视服务的高效性、精准性。浙江的“最多跑一次”是典型的代表，而“互联网 + 政务”建设则是由国家推动的一波建设浪潮，再加上推动大数据产业、建设信用城市等，越来越多的地市都在推动城市政务大数据平台的构建。

基于政务大数据平台，提升政府服务办事效率，推动精准社会治理，离不开一个权威的、可信的、全网统一的政务数据资源池。未经过政府数据治理的数据，很难谈得上“权威”和“可信”，基于错误数据带来的错误事项，将浪费大量的时间和服务资源，甚至有可能引起社会事件。从这个角度来说，政府数据治理是构建城市政务大数据平台不可缺少的关键步骤，而如何更好地完成政府数据治理，则是可能影响到城市未来信息化、智慧化发展的大事。

三　数据浪潮与数字未来

政府数据管理平台定位于政府数据的综合获取平台、数据深化整合以及成果的共享发布平台，着力构建地方政府“一个中心（统一数据资源池）、一个平台（政府数据管理平台）、若干应用（综合开发利用）”的总体格局，实现政府数据资产的“可见”“可查”“可管”“可用”。

平台依托于政务内、外网，根据创建政务数据资源文件目录、构建数据共享互换安全通道、基本建设政务数据资源池、创新驱动发展城市的示范性运用，为政务单位及广大群众出示各种政务数据的统一通道，合理推动政务信息资源的统一共享及利用，提高政府部门数据使用价值。

大数据不取决于其数据多少，而取决于它潜在性的使用价值。相对性于定量分析的小数据，大数据是在时光层面上的全新升级数据，并且是好几个根源、不一样方位，对一个目标开展数据记录，数据中间能够互相匹配着的多元化数据。大数据时期以前，应对泛娱乐化的数据，大家非常容易断章取义，好似只依靠触感认知的盲人摸象，对状况做出有误差的分辨。而大数据则能够让大家去了解事情，以 PB 为数量级（KB、MB、GB、TB、PB）的统计分析传动链条将分散化的小数据拼凑起来，另外，把决策事情特性的、反映规律性的、决策迈向的点找出去，展现出一个更为贴近实质的全景图。这幅全景图不但代表着对专业知识的整理和对以往变得更为容易的传承，并且极大降低了将来的可变性。协助大家更为精确地精准定位将来。

大数据改变了大家的生活习惯，大数据技术取得成功的应用，将更改日常生活、公司管理决策和国家治理的外貌并产生令人震惊的经济发展和社会经济效益。大数据将变成人类的车内仪表盘，一个协助大家应对贫苦、违法犯罪和环境污染的智能名片。大数据技术让学术研究、商业服务和政府部门管理方法产生转变。我们的数据信息已经很多了，人类运用分析数据的能力很强了，大家需从数据信息之中发掘之前不可以发掘的使用价值来了解大数据。诸多状况最终造成了数据信息的提升，尤其是社交网络，大数据的状况代表着信息时期和知识时期，已经向大数据时代迈入。非常简单的表述便是，你要找一个你永远不知道的信息，百度一下就可以找到答案。知识是有规律性的信息，信息要变成知识，只有历经专业化的信息才能变成知识，大家如今正处于一个知识化的大数据时代。

互联网技术、物联网技术、智能电网为助力的大数据技术，将加速推动人类社会经济发展脚步以及规章制度演变，人类将迈进智能化系统时期，人类将踏入知识现实主义发展社会，人类将迈进合作共享资源时期。

（一）人类将迈向智能化时代

互联网技术、物联网技术、智能电网技术激发新型智慧城市的基本建设与发展趋势，物联网技术、云计算技术、互联网大数据等新技术应用获得广泛运用，如智慧政务、智能家居系统、智能交通、无人驾驶汽车、服务机器人、三维打印等，人们将进入“智能化一切”的社会发展的阶段。有一个作者是这样叙述大数据时代的生活片段的：智能卫浴为你自动调节洗澡温度，智能厨房会为你自动烹制早饭；如果你用餐的情况下，智能音响会自动打开优美的音乐；或是你打开电视，它会帮你自动拉上窗帘布。无人驾驶汽车送你去上班；如果你走入公司办公室的那一刻，智能化餐桌会马上为你开启电子邮箱和一天的工作日程表。将来的日子要是没有服务机器人，你将无法融入，如同如今没有互联网技术和手机的日子一样。另外，智能机器人、三维打印、无人驾驶汽车在生产制造行业的很多应用，使很多的传统式学生就业职位消退，如店铺营业员、汽车驾驶员、外语翻译、权威专家等。

（二）人类将步入知识主义社会

李建德的《社会制度演变考试大纲》，从“最稀有的规模经济决策生产主力的特性、进而决策经济体制”这一逻辑性考虑，剖析了在人类社会演变过程中，先后决策人们社会制度刚性需求因素的劳动者、劳动防护工作能力、土地资源、资产。知识的稀有特性以及对当今发展趋势的功效越来越大，尤其是新科技、电子计算机、互联网对将来社会造成的颠覆性危害，知识最后获得关键性影响力，预测未来规章制度演进的方位是“知识现实主义社会”并最后将替代资本主义。毋庸置疑，知识经济发展、效能型社会已变成现如今和将来一个关键社会形态，互联网大数据毫无疑问将加速这类形态与过程的演进。

（三）人类将迈向协作共享社会

如今免费、合作、共享社会早已初显眉目，例如，一键下载手机软件音乐电影、完全免费 Wi-Fi 应用、互联网共享文化教育、共享知识、共享歌曲、共享住宅等。伴随着通信互联网、电力能源互联网、货运物流互联网、分布式系统太阳能发电、智能机器人与智能制造系统的广泛运用，将促进零边际效益社会的产生，合作与共享将是这一社会的关键特点，越来越多的人从顾客转化成“产销者”，资源的所有权逐步让渡给使用权，资本主义的经济形态将从人们社会逐渐消失。

第四章

贵州省智慧人大大数据服务平台

第一节　项目概述

一　项目建设的地址和时限

本项目中建设的全部系统是面向贵州省人大办公厅机关工作人员，将云计算、物联网、大数据、人工智能+技术有效地融合到自治区人大监督体系中，实现技术创新、管理创新，提升人大及人大代表履职服务，开展人大监督的智慧化服务能力，智慧人大功能架构如图4－1所示。

（一）项目建设期

综合考虑实际业务需要、项目管理能力和项目风险控制等各种因素，本项目总建设周期为5个月。

（二）项目实施进度计划

实施时间划分和主要工作任务大致如下：

（1）项目审批立项阶段。编制初步设计方案和投资概算方案的编制及贵州省大数据局及财政厅的专家评审和项目批复。

（2）完成基础平台及应用系统开发建设。

（3）完成系统联调联测。

（4）完成项目初验。

（5）开展培训工作并上线试运行。

（6）正式上线运行。

（7）完成项目竣工验收。

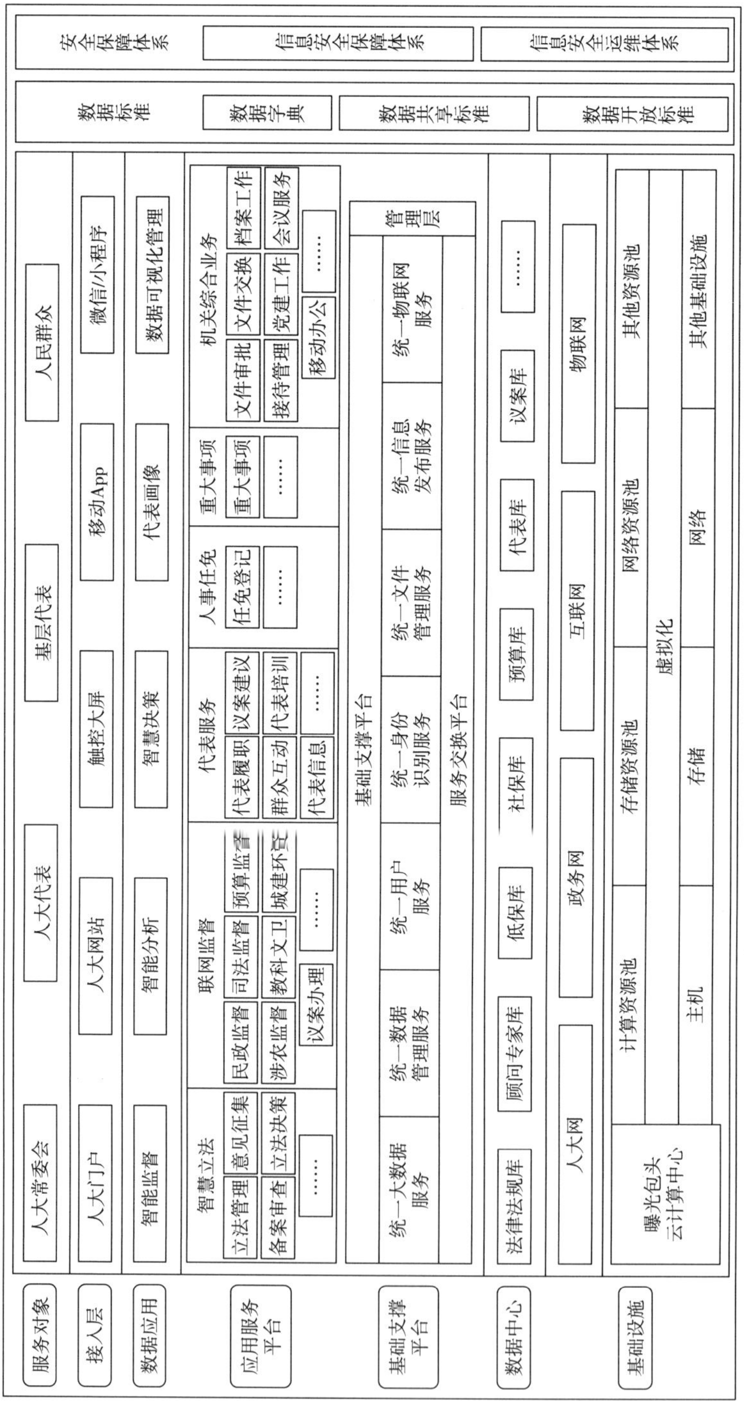

图 4-1 智慧人大功能架构

二 项目编制依据

（一）国家政策

《国家信息化发展战略纲要》（2016 年 7 月），《“十三五”国家信息化规划》（2016 年 12 月），《“十三五”国家政务信息化工程建设规划》（2017 年 7 月），《国家信息化发展战略（2006—2020 年）》《国务院信息化领导小组关于印发〈国家电子政务总体框架〉的通知》（国信〔2006〕2 号），《关于进一步加强国家电子人大建设项目管理的通知》（发改高技〔2008〕2544 号），《国家信息化发展战略（2006—2020 年）》。

（二）相关标准与规范

1. 信息系统建设标准规范

《工程建设标准强制性条文》（信息工程部分），《计算机场地安全要求》（GB/T 9361—2011）。

2. 电子政务类规范

《电子政务业务流程设计方法通用规范》（GB/T 19487—2004），《电子政务系统总体设计要求》（GB/T 21064—2007），《电子政务术语》（GB/T 25647—2010），《国家电子政务网络技术和运行管理规范》（GB/T 21061—2007），《电子政务标准化指南　第 1 部分：总则》，《电子政务标准化指南　第 2 部分：工程管理》，《电子政务标准化指南　第 3 部分：网络建设》，《电子政务标准化指南　第 4 部分：信息共享》，《电子政务标准化指南　第 5 部分：支撑技术》，《电子政务标准化指南　第 6 部分：信息安全》。

3. 软件类规范

《信息技术软件工程术语》（GB/T 11457—2006），《软件工程软件生存周期过程用于项目管理的指南》（GB/Z 20156—2006），《信息技术软件维护》（GB/T 20157—2006），《信息技术软件生存周期过程配置管理》（GB/T 20158—2006），《信息技术软件生存周期过程》（GB/T 8566—2007）。

4. 等保安全类规范

《信息安全技术信息安全风险评估规范》（GB/T 20984—2007），《信息安全技术信息系统等级保护安全设计技术要求》（GB/T 25070—

2010)，《计算机信息系统安全保护等级划分准则》（GB 17859—1999)，《信息安全技术信息系统安全等级保护基本要求》（GB/T 22239—2008)。

5. 运维类规范

《信息技术服务运行维护　第 1 部分：通用要求》（GB/T 28827. 1—2012)，《信息技术服务运行维护　第 2 部分：交付规范》（GB/T 28827. 2—2012)，《信息技术服务运行维护　第 3 部分：应急响应规范》（GB/T 28827. 3—2012)。

6. 社会稳定风险评估

《国家发展改革委关于印发国家发展改革委重大固定资产投资项目社会稳定风险评估暂行办法的通知》（发改投资〔2012〕2492 号)，《国家发展改革委办公厅关于印发重大固定资产投资项目社会稳定风险分析篇章和评估报告编制大纲（试行）的通知》（发改办投资〔2013〕428 号)。

三　项目建设目标

人大信息化统一工作平台建设的总体目标，横向需要实现与政府电子政务网互联互通，满足政府人大部分业务及信息互通，纵向还需支撑省市县三级人大机关业务系统的承载需要。主要建设思路如下：

（一）统筹规划，构建统一的人大信息化统一工作台

（1）建立一个合理、开放、统一和基于标准的应用支撑平台，提供统一的组织架构模型、单点登录、访问控制、数据共享、待办提醒、消息通知等基础应用服务。

（2）对人大新建应用系统进行统一规划、统一设计、统一建设，从而达到一体化管理的目的。

（3）对人大各类应用系统运行所需的基础数据进行规划建设，为建设人大一体化服务体系和数据共享打下坚实的基础。

（4）为各级人大代表包括省市县及各级人大代表提供信息化统一办公基础保障。实现省市县三级人大机关业务数据上报功能和信息互通共享提供支撑。

（二）标准引领，遵循统一的标准化体系

1. 实现人大电子政务领域标准化、规范化

通过标准规范的建立促使各类软件资源实现可重用性，推动协同和

互联互通。为资源共享、运用信息系统集成融合等必须出示详尽的指导根据。根据标准化的协调和优化功能，能确保智慧政务基本建设事半功倍、提高工作效率、保证系统软件的可信赖。统一标准是数据共享、信息内容共享和业务流程协同的基础。

2. 解决标准不统一、规范不一致的问题

通过标准规范的指导，为人大电子政务工程或项目的建设提供翔实的标准依据。使不同厂商的资源得到充分利用，提高工程建设效率、避免重复建设，减少资源浪费，缩短建设周期。解决不同厂商间标准不统一、规范不一致的问题，降低建设成本，强化行业竞争力。达到效率高、衔接准、浪费少、成本低的目的。

（三）数据聚合，形成数据沉淀和数据资产管控

在当今数据时代更让人关注的是如何将数据资产化，而数据资产的多寡、好坏、开发利用程度已经直接影响到数据部门的运行和服务效率，面对现阶段网络复杂、数据混乱、数据体量越来越大、需求多样化等问题，我们建议通过大数据、大平台、云服务的方式来推动人大信息化平台项目的建设，目的是实现各应用系统在各类应用环节中将各部门的数据进行有效沉淀，让原来“散、乱、差、死”的各类政务数据变得“集中、有序、高效、流动”，通过这些不断沉淀下来的数据为下一步的数据分析与挖掘奠定基础，从而为各级人大代表的工作提供可靠的数据支撑。

四 项目建设内容及规模

（一）项目建设内容

项目将新建人大信息化统一工作台，服务全省各级人大机关及各级人大代表。统一工作台的建设包含以下三层内容（见图4-2）：

1. 平台支撑层（PaaS层）

①统一服务总线（新建）。②统一身份认证服务（新建）。③统一应用消息推送服务（新建）。④统一待办处理服务（新建）。⑤统一日志处理服务（新建）。

2. 应用展示层（SaaS层）

①内部统一工作台（新建）。②人大门户系统（新建）。③短信平台（新建）。④快传系统（新建）。⑤考勤系统（新建）。⑥统一工作

App（新建）。

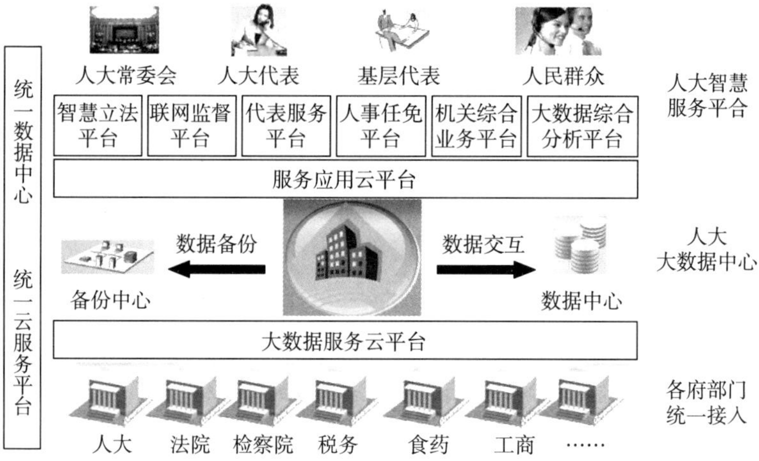

图 4－2　智慧人大总体架构

3. 数据支撑层（DSS 层）

①智能监督（新建）。②智能分析（新建）。③智慧决策（新建）。④代表画像（新建）。⑤数据可视化管理（新建）。

（二）项目建设规模

本项目中建设的全部系统是面向贵州省人大办公厅机关工作人员。

第二节　项目建设的必要性与可行性分析

一　项目建设背景

《“十三五”国家政务信息化工程建设规划》的正式发布标志着我国政务信息化在新的起点开始了新的征程。政务信息化已经成为通往现代治理之路不可或缺的重要依托，成为推进国家治理体系和治理能力现代化建设的重要手段、政府高效履职的重要支撑。2016 年，国务院发布《国务院关于加快推进“互联网＋政务服务”工作的指导意见》，指出加快推进“互联网＋政务服务”工作，提升政务服务水平，创新工作服务模式，拓宽工作服务渠道。

在新时期、新趋势、新潮流的推动下，人大工作必须适应时代的发展并积极响应国务院要求，借助政务信息化对传统工作的助推作用，促进人大工作管理模式及服务模式的转型升级。

目前，贵州省“云计算”和“大数据”发展步伐处在全国前列，发展人大工作信息化是顺应时代潮流的客观要求。各级人大信息化系统建成使各级人大代表及机关工作人员的办公方式在一定程度上得以改进，然而时代在发展，人大原有系统功能已不能满足人大组织的工作需求，新时期人大工作需要在工作领域、工作手段和工作方式上进行创新，适当筹措、合理规划，打造更为优质的人大信息化系统已是当今信息时代加强人民人大工作、促进人大代表事业发展的必然要求。

当今贵州省人大的信息化管理的情况是，各人大组织一般都设计方案和建设了归属于组织、业务流程自身的运用、步骤及其数据信息的信息处理系统，单独、对应异构、包含分别业务流程内容的信息处理系统，控制系统设计建设的阶段不一样、运营模式不一样，信息化管理建设欠缺合理的整体规划；反复建设，欠缺统一的设计规范，大部分系统软件全是由不同的生产商在不同的服务平台上，应用不同的语言表达开发设计的，信息内容互动共享艰难，存在很多的信息孤岛和步骤荒岛。合理融合分散化对映异构系统软件的信息资源，清除“信息孤岛”状况，提升人大组织和人民代表的信息化管理水准，以便完成不同系统软件间的信息交换、信息内容共享与业务流程协作，提升多媒体通信，进行数据信息和运用融合。

加快信息化系统升级改造速度，保证升级效果，根据需求合理改造应用系统结构，合理增设支撑平台功能，建成覆盖贵州省各级人大机关工作人员及人大代表的信息化统一工作台，集成人大各类信息化应用系统、规范建设人大基础数据库实现数据共享，建立与政府信息化互联互通机制实现政务畅通，通过一系列建设改造实现人大工作“信息数字化、流程网络化、办公无纸化、服务信息化”，为民主监督提供更加便捷的信息化服务，为后期人大信息化工作大数据化与可持续化发展奠定基础。贵州省人大信息化系统改造及基础数据库建设项目就是在上述背景下提出的。

二　项目建设的必要性

（一）响应国家“十三五”政务信息化建设要求

国家发改委在2017年7月发布了《“十三五”国家政务信息化工程建设规划》，明确指出在“十三五”阶段要聚焦政府治理和改革发展关键任务，搭建网络平台、互联网大数据、大系统软件高层架构，提升政务信息化建设，全力推动融合共享，提高发展能力，提高服务质量，保证网络信息安全，要产生共创共享的一体化政务公开公共性基础设施建设网络平台，建设达到国家治理体系和治理能力智能化规定的政务服务信息化管理体系。推动政务信息化可持续发展，推动网络强国建设。

传统人大工作模式以独立应用系统使用和人工办公方式为主，信息通知传播渠道也主要以纸质文件、宣传板报、学习材料进行单点传播，这样的方式相对比较封闭，缺少人大与政府、人大代表之间互相沟通和交流的平台。人大工作在信息化时代应充分发挥各类信息化技术、信息资源聚合快速发展的优势，为实现多党合作和政治协商制度提供技术保障，为人大更好地履职提供强大的信息化技术支撑，利用高效、智能的信息化手段及时准确地反映社情民意和提高人大代表建议提案办理效率，使多党合作和政治协商焕发出新时代的气息，信息化必将是新时期人大在工作领域、工作手段和工作方式上的创新，本期项目建设覆盖至全省范围内各级人大机关工作人员及人大代表的统一信息化工作平台，是对国家《“十三五”国家政务信息化工程建设规划》的积极响应。

（二）响应贵州省政府提出的大数据战略下的政务服务创新

打造更为优质的人大信息化系统是信息时代加强人民人大工作、促进人民人大事业发展的必然要求。根据贵州省人大实际情况进行统一规划建设，坚持“改造、整合、共享”的原则，通过建设人大信息化统一工作台集成各类信息化系统，整合人大基础数据，与政府实现信息互通共享，打造“实用、好用、愿用”的人大信息化办公新系统，提升各级人大协同办公的水平和能力，有助于提升人大代表参政议政及人大机关工作人员服务效能，为民主监督提供更加便捷的信息化服务，也是响应贵州省政府提出的大数据战略下的政务服务创新。

（三）建设人大专业知识库促进人大工作高质量提升

建设人大专业知识库为全省各级人大代表提供专业的知识文献资料，与人大内部数字化加工资源形成统一检索，全省各级人大代表可进行各类行业知识智能检索和查询，人大行业知识库的建设，将极大丰富人大代表专业信息的接触面，提升人大提案专业的准确性，为人大代表履职提供便利，促进人民政治协商工作高质量提升，也体现了人大在数据共享、资源集约与可持续发展上的前瞻性。因此，贵州省人大信息化系统的改造是必要的且具有一定的现实意义和紧迫性。

三　项目建设的可行性

（一）政策保障

《“十三五”国家信息规划》（国发〔2016〕73 号）中提到“支持人大信息化建设，推进人大民主广泛多层制度化发展”；《“十三五”国家政务信息化工程建设规划》（发改高技〔2017〕1449 号）提到“加强人大参政议政的信息机制，针对经济社会发展中的重大决策，完善人大业务系统和信息资源库”；2016 年 7 月，中共中央办公厅、国务院办公厅印发《国家信息化发展战略纲要》，提出“加快人大信息化建设，推进协商民主广泛多制度化发展”。充分运用信息技术提高人大参政议政信息化水平，以提高人大机关干部、人才管理和服务的科学化水平。加强信息公开，畅通民主监督渠道。

（二）技术保障

目前，基于云计算、数据提取、分析、接口开发等技术日益成熟，可为本期项目建设提供良好的保障。

（三）外部协作

目前，国内有较多优秀的软件服务商可提供优质的技术支撑和服务，保障项目从需求调研、建设运行、维护顺利进行。

（四）成熟产品

本期项目需要采购的软件产品、知识库产品在市场上非常成熟，且有成功的案例，可为本期项目顺利开展提供可靠保障。

第三节 需求分析

一 政务目标分析

（一）人大信息化推进人大代表提升履职效能

以网络为载体的人大信息化工作具有互动、便捷、自动的传播特点，可以突破时空限制，架设多元化的沟通交流渠道。运用信息化方式与人大工作的有效结合，将极大地促进人大代表与各阶层人大代表的沟通联系，不断扩大团结面，增强包容性，凝聚各方智慧和力量，体现人大组织大团结、大联合的特点。通过建设人大系统全方位、高效率的信息化统一工作台，及时掌握和指导人大代表开展相关活动，激发代表的履职热情。开通人大代表与机构及时交流的通道，提高人大代表的积极性和履职效能。

（二）推进人大工作信息化、自动化、数据化发展

《“十三五”国家信息化规划》提及健全政务服务基本信息资源共享的运用体制，借助政府部门数据信息统一共享资源互换服务平台，积极推进部门协作、跨等级数据信息共享资源同用。这也是当前省人大工作发展急需改进的方向，也是信息化工作的突破点，办公信息化与业务流程自动化是提升人大代表及人大工作机构与办事机构人员办公效率的推手，能帮助人大代表更好地将立法工作、监督工作、选举任免的成果进行及时反馈，符合人大代表工作适应时代发展的需要。以信息化系统改造为重点、以人大重要业务系统为着力点，依托“云上贵州”系统平台，加快人大信息化平台建设步伐，通过人大工作信息化的发展提升人大代表的主体责任，创建高效的信息化工作平台提高人大代表履职绩效，推进人大工作信息化、自动化、数据化发展。

（三）加快便捷安全的移动化办公进程

基于移动 VPN，对公用网络安全地对单位机关内部专用网络进行远程访问的链接方式，基于这种方式可以构建私人的办公空间，提升了数据运行安全，保证了工作的私密性，真正做到安全办公、专注办公。

二 系统使用对象分析

本期项目使用对象主要是贵州省人大办公厅各处室工作人员。

三 业务需求

根据贵州省人大统一工作台现状及调研结果，总结以下业务需求：

（一）解决多个应用系统管理与数据共享不方便的问题

目前，贵州省人大建有代表履职平台、记者报名系统、议案建议系统、信息报送系统、新闻奖报送系统、会议系统（暂未集成在人大平台）六个业务系统，后续还会不断增加其他业务应用系统；如果未统一认证登录，则需给用户建立各自单独账户、分配角色与授予权限，且每新建一个应用系统都得对用户进行一次新建账号、分配角色、授予权限，并且使用每个应用系统都需要单独进行登录验证，这给管理上带来极大的不方便；另外，各应用系统间无法形成数据共享，导致消息提醒与待办提醒不及时等问题。构建统一的人大信息化统一工作台，建立一个合理、开放、统一和基于标准的应用支撑平台，提供统一的组织架构模型、单点登录、访问控制、数据共享、待办提醒、消息通知等基础应用服务；解决多系统单点登录与业务系统间数据共享问题是非常迫切的。

（二）解决文件传递与数据交换，没有统一的形式与标准的问题

目前，贵州省人大内部在信息资料传输、文件传递与数据交换方面，没有统一的标准与模式；大部分信息文件传递与数据交换靠邮箱进行，导致后期对信息、文件整理与管理，数据统计产生了极大的困难。因此，建立公文系统解决高效便捷的文件扭转与数据交换系统显得非常重要。

（三）考勤与绩效考核机制欠缺，对工作任务落实情况无法跟踪管理

目前，贵州省人大考勤机制有待完善，不能正常统计机构人员正常出勤情况及状态；而在任务分解、任务提醒、督办机制和考核考评方面没有明确的考核机制，对工作任务落实情况无法跟踪管理；部分工作人员工作积极性不高、工作任务没有及时落实，从而导致工作效率低下。因此，建立目标绩效系统，解决任务分解、任务提醒、层层督办机制和考核考评，对工作任务落实进行跟踪管理是必要的。

（四）新建统一工作 App，随时随地办公

随着信息移动化进程的加快，基于移动 VPN 新建一套符合贵州省人大办公场景的统一工作 App，尤为重要的是根据贵州省人大内部日常中信息通知与待办通知等实际情况进行大量功能和细节改造，以满足贵

州省人大机构人员与人大代表日常工作需要。如贵州省人大内部事务办理审批，贵州省人大办公厅机关工作人员及领导会经常使用，提供发起审批、待办消息提醒、录入办理意见、领导审批、办结归档等功能，便于方便快捷地完成工作事项，从而提升办公效率。

四 信息系统安全需求

信息系统安全主要分为物理安全、网络安全、主机安全、数据备份、数据容灾、平台支撑安全、应用安全等。

（1）物理安全、网络安全、主机安全、数据备份、数据容灾、平台支撑安全由“云上贵州”平台负责。①物理安全需求主要有机房物理选址安全、设备安全、治安安全等。②网络安全需求主要有网络结构安全、访问控制安全、攻击防御安全、网络设备安全等。③主机安全主要有服务器设备安全、终端管理安全、操作系统安全。④数据备份主要包括运用云平台灾备中心使异地数据级灾备得以实现，备份频度至少需要每天一次，支持系统数据出现异常时对数据进行恢复；逐步实现核心应用的灾备，如果系统出现故障或发生灾难时，可以自动进行业务切换和恢复。⑤数据容灾包括：通过建设异地的数据系统，从 RAID 保护、冗余结构、数据备份、故障预警等方面来保护数据安全和提高数据的持续可用性。⑥平台支撑安全包括：平台实行统一身份管理、病毒控制预防、安全审计、日常运行监控等安全。

（2）应用安全及应用系统数据完整性、数据保密性等内容由本期项目负责。相关信息安全需求具体如下：①身份鉴别安全需求：包含出示专用型的登录模块对登录用户开展身份标志和辨别，确保应用系统中不会有反复用户身份标志，身份实证分析法不容易被冒充；对数次登录失败的用户开展账户维护。对用户身份实证分析法复杂性查验、登录密码抗压强度配备作用与登录密码复杂性查验。②访问控制：按用户人物角色组界定实际操作管理权限，不同身份匹配不同管理权限，根据安全设置控制用户对文档、数据库表等行为主体的浏览；严格限定默认设置账号的访问限制，授予不同账号担负每日任务需要的最少管理权限；对关键信息资源设定比较敏感标识，设定比较敏感信息内容能见度。③安全审计：遮盖到每一个用户的安全审计，记录全部用户实际操作记录，对关键事情开展记录，对应用系统关键安全事故开展财务审计，包括无法删除、改动或遮盖财务审计记录，日志记录、日志不可以被删除及改动。④通信完整性：确保通信全过程中数据的一致性。⑤通信保密性：在通信彼此运用安全生产技术开展对话复位认证；对通信全过程中的全部报文格式数据加密。

五 关联系统和接口需求

本期项目关联系统包括贵州省政府电子政务网，建设过程将进行三类数据接口开发需求。

（1）统一身份认证登录接口：通过制定贵州省人大统一工作台统一身份认证登录接口规范，对人大所有单点登录的系统进行登录认证接口改造，与统一工作台登录认证接口匹配，保证同一用户在不同的应用系统中身份的一致性。

（2）统一基础数据共享接口：通过对基础数据库进行建设，并制定基础数据库接口规范，对所有涉及组织机构人员库数据，代表库数据同步的应用系统进行数据同步接口改造，通过统一数据库共享至各应用系统。

（3）待办及消息中心接口：通过制订待办及消息中心接口规范，对所有涉及业务流程、公务办理、消息发布的系统进行接口改造，实现待办事项及通知消息在统一工作台的汇集和展现。

第四节 总体建设方案

一 总体建设原则

（一）先进性原则

1. 技术先进性

运用多层 B/S 架构，应用面向对象设计（OOA）技术，面向服务（SOA）技术、接口技术、组件式开发技术。选择 MVC、ORM、Web Service、AJAX 等成熟且有发展前景的技术。

2. 架构先进性

所有控制模块设计选择平台化技术性，完成插口设计规范、删改部件灵便、有利于拓展的体系结构。系统软件算法设计有效，选用根据元数据的设计方式，确保数据、页面、解决流程的数据信息叙述一致。

（二）实用性原则

本期项目建设时将充分考虑各业务层次、各环节管理中数据处理的便利性和可行性，把满足人大机关工作人员和人大代表工作需求为第一要素考虑。规范操作界面设计，务求用户界面一致、别具一格、实际操作方便快捷易懂实用，总体客户体验合乎当今行业发展趋势。操作面板内的菜单、表格、流程指导等页面元素符合服务平台客户应用的习惯，并在便捷性关键点层面反复推敲，完成实际操作条理清晰、流程规范、便捷好用、办公高效率、管理方法方便快捷、规章制度规范等要求。

（三）标准化原则

引进业界通用的统一过程（RUP）框架，在严格的开发规范、文本文档规范、产品质量标准的引导下，规范开发的整个过程，推动手机软件更稳定，具有更强的可扩展性。除此之外，选择销售市场上完备的分布式数据库、开发专用工具等支撑点手机软件，降低技术风险。

（四）兼容性原则

基于标准化的协议和接口，建设服务端和客户端，确保系统的兼容性。

服务端中标准协议和接口功能模块的设置，使底层的支撑组件选择更加多元，允许进行数据访问和兼容主类数据库。客户端侧采取符合 XML、XHTML、HTML5 等协议的 Web 用户界面，使平台系统支持大部分浏览器（包括 IE 内核和非 IE 内核）、操作系统，部分高级功能需要的 Office 软件、媒体播放组件采取最新格式标准，并确保对现有软件和格式具有最大兼容性。

（五）开放性原则

系统各模块统一技术标准，使整个统一工作平台形成开放格局。全面适用跨硬件系统、跨数据库查询，在系统软件扩大和升级时完成光滑衔接。按照架构的组件化设计，可以随时拓展新的模块和业务流程部件，提供二次开发服务平台、元数据详尽展现和数据流图。让维保人员和后续开发人员更容易理解数据结构，方便维护系统。采取基于 XML 的数据交换语言，支持和第三方软件的人大应用系统集成。

（六）共享性原则

本期项目建设要确保人大基础数据在系统间共享开放。设计方案构建统一业务流程数据资料库，给业务流程控制模块提供准确翔实的数据，并使其按照管理权限查找和使用共享数据资源池中的数据，以免数据重复录入，从而提高数据库管理效率并提升资源利用率。

（七）可扩展性原则

人大信息系统的更新改造是一个逐步提升的过程，可以起到事后解决需求的作用，系统软件运用了控制模块式构造，全部程序模块都可以在统一的插口层启动最底层的系统软件服务和数据流模块，运用平台化技术性确保动态性和可拓展性，可以按需迅速提升或降低运用程序模块，快速响应并完成新的需求。

（八）安全性原则

安全性贯穿项目建设的全过程。系统将采用多种形式的安全方案保障系统。对用户的验证、加密、应用审计等方面提供安全保证。

二 总体建设思路

人大信息化统一工作平台横向需要实现与政府电子政务网互联互通，满足政府人大部分业务及信息互通，纵向还需支撑省市县三级人大机关业务系统。主要建设思路如下：

（一）统筹规划，构建统一的人大信息化统一工作台

①建立一个合理、开放、统一和基于标准的应用支撑平台。②对人大新建应用系统进行统一规划、统一设计、统一建设，从而达到一体化管理的目的。③对人大各类应用系统运行所需的基础数据进行规划建设，为建设人大一体化服务体系和数据共享打下坚实的基础。④为省市县三级人大机关及各级政协代表提供信息化统一办公基础保障。实现省市县三级人大机关业务数据上报功能和为信息互通共享提供支撑。

（二）标准引领，遵循统一的标准化体系

①实现人大电子政务领域标准化、规范化。通过标准规范的建立促使各类软件资源实现重复利用，推动协同和互联互通。为资源共享、应用系统集成整合等需要提供详细的指导依据。②解决标准不统一、规范不一致的问题。通过标准规范的指导，为人大电子政务工程或项目的建设提供翔实的标准依据。使不同厂商的资源得到充分利用，提高工程建设效率、避免重复建设，减少资源浪费，缩短建设周期。解决不同厂商间标准不统一、规范不一致的问题，降低建设成本，强化行业竞争力。

达到效率高、衔接准、浪费少、成本低的目的。

三　总体系统架构

从整体上看，贵州省人大信息化改造及基础数据库建设在横向层次上分为基础设施层、数据支撑层、平台支撑层、应用层、展现层和用户层。在纵向上包括标准规范体系和安全保障体系。

（1）基础设施层（IaaS）：本期项目基于“云上贵州”系统平台构建，建设所需服务器、存储设备租用“云上贵州”平台资源，网络设备、安全设备等由“云上贵州”平台负责保障。

（2）数据支撑层（DaaS）：数据支撑层主要是建设人大基础数据包括全省省市县三级人大机关组织机构人员数据、全省各级人大代表数据，并与政府电子政务网进行基础数据互通，为各应用系统提供基础数据共享。

（3）平台支撑层（PaaS）：利用数据资源层提供的数据为应用层提供人大统一服务总线、统一身份认证、统一应用消息推送、统一数据库共享、统一待办处理、统一日志处理等支撑组件，对各个应用系统提供组件支撑。

（4）应用层（SaaS）：根据贵州省人大信息化业务需求，新建7个应用系统（覆盖省人大办公厅各部门工作人员），并升级改造省人大已有的7个信息化应用系统。

（5）展现层：是对统一工作台服务的载体，主要指内部工作统一工作台，用户通过内部工作统一工作台登录后在统一界面实现各类系统集中应用。

（6）标准规范体系：主要指保障人大信息化系统及基础数据库运行的标准规范与制度体系。

（7）安全保障体系：主要指保障人大信息化系统及基础数据库运行的信息安全管理体系。

四　总体技术路线

（一）基于云计算部署

云计算技术能够按需分配延展性资源，它的表达形式是一系列服务的结合。结合当今云计算技术的运用与科学研究，其管理体系构架可分成核心服务、服务管理方法、客户浏览插口三层，核心服务层将硬件配置基础设施建设、手机软件环境、应用软件抽象性服务，这种服务具备稳定性强、可用性高、经营规模可伸缩式等特性，达到多元化的运用需求。服务管理层为核心服务提供支持，进一步保证核心服务的稳定性、可用性与安全系数，客户浏览插口层完成端到云的浏览。

云架构充足融合了云间的手机软件和硬件配置资源，并将这种资源封装成不同种类的服务提供给有关客户。从客户体验视角区划分，政府部门云整体构架分成三层：基础设施层、平台支撑层和应用层，三层相互独立，提供的服务不同，面对的用户也不尽相同。

基础设施层：基础设施建设服务层是将包含服务器、储存、互联网以及其他硬件配置以内的硬件配置机器设备，根据虚拟化技术开展融合，产生一个总体，另外依托数据交换平台，对外开放提供数据储存、备份数据及软件环境等基本服务。这一层在对资源开展合理监管、管理方法的基础上，融合虚拟化技术，理应对外开放提供对资源的池化管理方法，而且根据对服务实体模型的提取，提供自动化部署的作用，这一层也是云架构的根本所在。

通过主流的拟化软件及技术，将服务器、存储及其他基础设施进行虚拟化逻辑管理。利用虚拟抽象技术将内存、I/O 设备、存储和计算能力整合成一个虚拟的资源池为用户提供所需要的存储资源和虚拟化服务器等服务。假如一个服务器发生常见故障，其他服务器则会再次解决其本身所分派的运用负荷。另外，解决产生常见故障的服务器上的运用负荷，并能够在虚拟服务器中间完成全方位的防护。根据虚拟化技术管理方法，完成容积配制、网络视频监控和资源的随需提供，产生服务文件目录和统一的操作面板，将各种各样最底层的测算和储存等资源作为服务提供给客户。

平台支撑层：服务平台服务层关键在基础设施建设层以上提供统一的平台化系统支撑点服务，包含统一身份验证服务、日志服务、密钥管理服务、信息共享、统一待办事项解决服务等。该层与过去的传统平台服务不同，这些平台服务还必须与云架构部署方法兼容。云状态服务通过虚拟化、聚合、负载平衡和其他技术提供，相应的功能和插件可以根据需要随时提供。

表示层汇聚了各类平台化的 API 接口，以服务形式为用户提供服务；运营管理层为应用程序提供了基本的操作环境，例如开发环境、编程接口、编程模型和代码库；中间件层使用诸如 ESB 之类的中间件来通信和管理独立的应用程序。显示层 API 服务主要使用 SOA 相关技术来关闭 SOA 服务中的各种独立应用程序功能，然后通过服务总线使其在外部可用。

应用层：为整个人大电子政务对外提供应用服务，部署应用软件。

（二）基于 SOA 的应用部署

应用平台采用面向服务架构（Service – Oriented Architecture，SOA），面向服务的架构是一个组件模型，它通过定义明确的接口和这些服务之间的契约来链接各个功能单元（又称服务）。这一接口以中立的形式定义，与执行服务的硬件平台相独立。这使其可以在不同系统中构建的服务以统一的方式进行交互。在实现松耦合的基础上，进一步提升性能，实现不同层次的不同调用。

（三）基于 Web Service

该平台需要提供开放和可扩展的基于网络的数据服务，甚至是业务服务，以实现异构信息系统的交叉访问，Web Service 标准可以解决异构和异构应用程序的交叉访问。

（四）基于 Spring 开发框架

基于 J2EE 技术标准，采用 JAVA 高级语言，引入 Groovy、Rest、Object – c、Css3 等高级语言开发进行设计。系统软件采用 MVC 程序编写方式，分层次设计方案，以实现分散化关心、疏松耦合、逻辑性复用、规范界定的目的。按照 XML，系统配置中数据信息层选用 Hibernate 的对象关联投射，对 JDBC 进行了轻量的对象封装，可以在一切应用 JDBC 的场所使用，实现集成化数据库查询运用。系统支持 Web Services、XML、LDAP、DOM、UDDI4J 等开放性标准；结合了当前 J2EE 中最核心与实用的技术以构建满足需求的应用系统。

为了更好地处理客户数据信息、业务流程数据信息、插口数据信息等层面的统一设计方案和管理方法方面问题，全部系统软件在系统软件插口和数据信息服务上选用了四个层面技术性：①根据通用性的 JDBC 技术性的关联型概念模型设计，完成在针对数据库最底层的统一服务。②系统软件提供 XML/XSL 模块接口作用，能够完成针对别的不同服务平台的信息依照 XML/XSL 文件格式标准开展信息的沟通交流和解决，完成针对别的运用的优良融合。③在系统软件的 Web Service 服务上，系统软件提供根据 SOAP 协议书的服务技术性，根据该技术性能够完成针对 Unix、Linux 等不同电脑操作系统服务平台的系统软件的支持，彻底消除统一数据信息服务的难题，处理信息荒岛的难点。④拓展的 SDK 技术性。系统软件支持针对 Java 服务平台的无缝拼接集成化的能力，提供规范 API 支持二次开发，提供实际意义上的无尽拓展的能力。

五　总体建设内容

本期项目将新建人大信息化统一工作台，服务全省各级人大机关及各级人大代表。统一工作台的建设包含以下三层内容：

（一）平台支撑层（PaaS 层）

建设统一服务总线、统一身份认证服务、统一数据库共享、统一应用消息推送服务、统一待办处理服务、统一日志处理服务、政府电子政务网接口等支撑功能。

（二）应用层（SaaS 层）

首期新建 9 个应用系统（1 个核心工作台，8 个应用系统），并升级 7 个应用系统：①内部统一工作台（新建）核心：作为人大信息化统一工作台登录后的展示界面，将不同应用系统、业务流程、后端服务、待办信息、信息通知等内容集成到导航模块中，为人大机关工作人员及人大代表等提供基于角色和权限的、个性化的信息、知识、服务和应用，并将人大工作动态、人大新闻等模块在内部工作统一工作台进行展示。②人大门户系统（新建）：建立省人大门户系统，提供统一信息共享展示平台和各类插件式服务。③短信平台（新建）：服务人大机关工作人员及人大代表；解决单位、部门与个人在使用系统进行办公办事过程中，提升办公效率与便捷性，让手机与业务系统进行短信功能整合，能够便捷高效地使用短信收发功能。④快传系统（新建）：服务各级人大机关工作人员，便于在日常工作中快捷传递文件并反馈相关意见，旨在解决用户点对点、点对多的文件快速传递需求。包括快速选择联系人、收发文件、邀请讨论等功能。⑤考勤系统（新建）：服务各级人大机关工作人员；解决各单位在日常考勤记录时手工记录、手工甄别及对比难等问题。通过人性化、灵活化的考勤机制，实现缺勤管理、加班管理、审批管理、假别管理等自动生成考勤报表，实时了解工作人员考勤状况，从而提升管理效率。⑥统一工作 App（新建）：服务人大、服务人大机关工作人员及人大代表；通过在电子政务外网运行，提供单人聊天、多人聊天与信息必达机制，从而提升沟通和工作效率；通过基本的消息和数据传输，整合了现有的各业务系统的消息入口和系统入口，构建了工作台的概念，并通过信息必定送达机制，保证工作中消息的时效性与沟通的有效性。⑦对省人大现有 7 个应用系统进行应用升级，包括统一身份认证登录接口、统一基础数据共享接口、待办及消息中心接口升级（本期项目不进行市县级人大信息化系统应用升级），实现 7 个应用系统在人大信息化统一工作台的单点登录、基础数据共享、统一事项待办处理及消息通知等功能。

（三）数据支撑层（DaaS 层）

定义人大机关及代表数据标准及规范，根据规范建设人大基础数据库，包括全省人大代表数据、全省各级人大机关组织机构及工作人员数据，并共享至各个业务应用系统。

六　标准规范建设

在政务云系统建设中建立标准规范体系，主要目的是避免“信息孤岛”，保证系统逻辑上的整体性。根据国家电子政务标准化指南，电子政务标准主要包括总体、应用支撑、信息安全、网络与管理、业务及管理规法六个方面的标准。其中总体标准、网络基础设施标准和信息安全标准包含通用技术标准，基本齐备，本期项目可以选择采用。应用支撑标准属于“云上贵州”平台建设需要的标准。本期项目标准规范具体建设内容包括：

（一）人大基础数据标准规范

定义人大机关及代表数据标准及规范，根据规范建设人大基础数据库，包括全省人大代表数据、全省各级人大机关组织机构及工作人员数据。人大基础数据标准规范内容分为业务管理和技术两个层面，主要包括以下几个方面的内容：

1. 元数据标准

最核心、最基础的是指标体系标准和分类编码标准（目录）。在国家电子政务体系框架下，结合人大基础数据指标体系、分类编码标准。同时在现有数据的基础上，通过规范、完整的信息资源描述逻辑，形成基础库数据资源的综合元数据描述体系，支持全面描述基础库数据资源的综合信息。

2. 数据字典标准

为了实现基于综合元数据描述体系的基础库数据描述、数据存储和数据处理，需要对其数据库存储进行规范化，建立数据字典标准，支持对数据库信息的数据管理、数据维护和数据查询等功能。

3. 数据交换标准

以指标体系及相关XML标准为基础，制定数据交换标准，实现省人大基础数据的集中存储和逻辑统一。数据交换标准的重点是制定并下发各业务系统数据交换标准，明确数据交换的报表的格式、指标内容、指标数据之间的审核校验关系和规则、交换范围、交换频率等。

4. 管理标准

如果系统建设要实现规范化管理，那就要制定项目管理标准规范体系，包括软件工程管理规范、验收与监理制度、软件开发标准、系统测试和评估标准、信息资源评价体系标准及其他标准。同时信息的安全管理和使用需要确定完整的安全标准规范，包括信息安全基础规范、物理安全标准、系统与网络安全标准、应用安全标准、安全管理标准。

（二）应用系统升级接口改造规范

包括统一身份认证登录接口规范、统一基础数据共享接口规范、待办及消息中心接口规范。根据每类接口确定以下各个事项：

（1）发送参数名、参数含义、参数数据类型、长度、精度。

（2）接收参数名、参数含义、参数数据类型、长度、精度。

（3）接口的使用的类型变量尽量通用，要求尽量选择编程语言都能支持的特定类型。

（4）发送信息时的数据格式类型。

（5）网络传输时的编码格式。

（6）交互传输的数据中对敏感数据加密处理方式。

第五节 平台建设方案

一 支撑平台建设

本期项目打造“六统一”的支撑模式。体现平台技术与应用并重，通过云服务器整合各应用系统，统筹考虑应用系统和信息资源建设，推行电子人大一站式办公、一体化服务，构建不断发展的电子人大生态体系。六统一包括人大统一服务总线、统一身份认证、统一应用消息推送、统一数据共享、统一待办处理、统一日志处理。

统一人服务系统总线（PSB）是人信息化系统软件办公环境的关键预制构件，完成运用、服务、数据信息和资源的融合，PSB 提供统一的服务申请注册与查看体制，支持多系统总线方法的服务启用，提供服务编辑的能力以支持生成服务的搭建，适用对文档、数据库和消息队列等多种多样资源的兼容，出示事务管理操纵和 XML 数据变换的作用，并完成对全部申请注册服务项目的即时管理方法监管，PSB 还提供统一权限管理，控制外部系统对服务的访问权限等功能。

统一身份认证是将各业务系统整合后，基于统一认证组织机构人员管控平台的用户数据，实现所有用户统一登录的入口。为保持与电子政务网平台的标准规范一致，在人大平台建立分节点，人大分节点管理人大机关库与人大代表库，与电子政务网形成互补互通。统一身份认证能实现所有接入业务应用系统的单点登录机制，一次验证身份，在多个业务系统中使用，包括统一工作平台中所有系统接入管理、密码与证书认证手段。凡经过统一身份认证系统授权的用户，均能实现跨系统间统一登录。

统一应用消息推送是指将对所有涉及业务流程、公务办理、消息发布的系统进行接口改造，将待办事项和通知消息实时推送至待办及消息中心，实现待办事项及通知消息在统一工作台的汇集和展现。

统一待办处理主要是对人大各个应用系统的任务进行统一分发，统一展现。根据待办事项的链接，直接进入业务管理系统的程序模块解决待办每日任务。待办事项的集成化能够便捷用户查询待办每日任务，提高工作效率。统一待办解决控制模块包含 Web Service 插口、数据递交、数据浏览、统一待办库。统一待办库储存用户的待办每日任务信息，数据浏览载入统一待办库文件的待办信息，在统一操作台中开展呈现，数据递交接受业务管理系统的待办每日任务信息，随后存进统一待办库。

统一日志处理主要负责收集所有系统日志和业务日志，作为人大代表行为留痕的依据。将日志转化为流式数据，通过统一上传到日志中心集群，供其他系统实时分析处理日志，并将日志持久化存储供离线数据分析处理、数据查询，或写入监控中心发起异常报警或提供指标监控查询（见图4－3）。

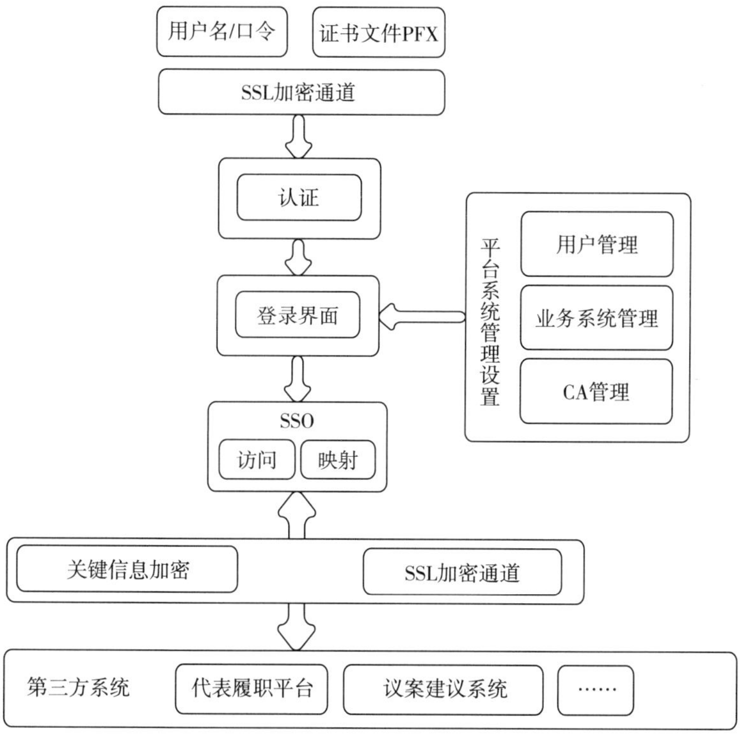

图4－3　统一身份认证

二　应用系统整合

（一）内部统一工作台

依托人大信息化统一工作台，基于电子政务外网和互联网，新建人大内部工作统一工作台，有效集成人大各类信息应用模块、根据用户工作单位、角色管理权限和应用习惯的不同，产生的人性化运用页面，它将不同应用、业务过程、后端系统、服务信息、知识等内容集成到个性化窗口中，通过事件和消息的处理把所有用户连接在一起。并根据省人大的工作特点进行定位对人大内部工作统一工作台的人机交互、操作逻辑、界面美观进行整体设计，让访问页面清楚明了、访问操作简单便捷，符合用户使用习惯和审美习惯。

（二）信息平台技术架构

基于用户权限校验和单点登录功能，实现对用户信息、角色、功能等进行管理；通过统一标准接口实现与各业务系统集成（见图4－4）。

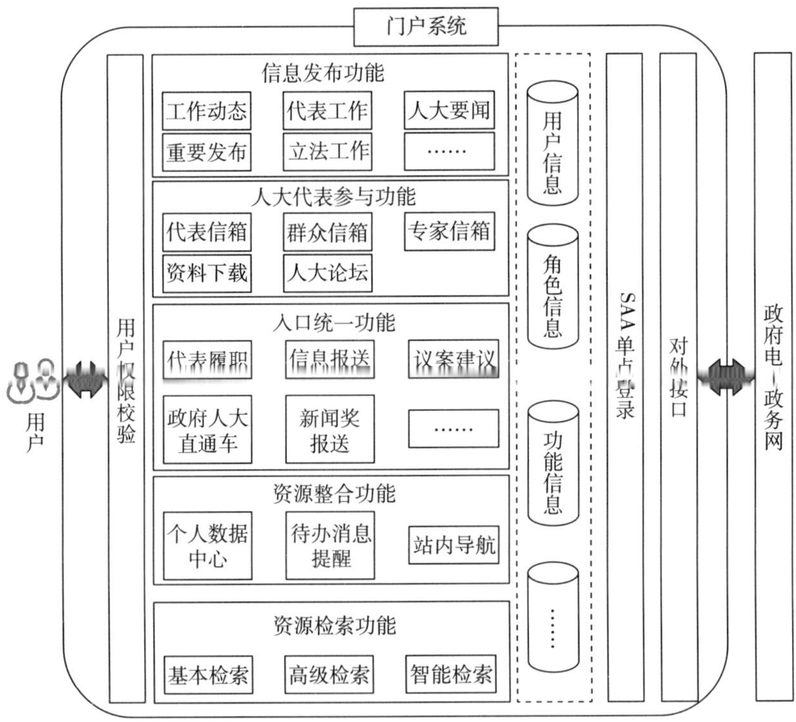

图4－4　统一工作台技术架构

（三）信息工作台应用体系

从人大信息化统一工作台内部工作台的应用功能角度看，其主要具备如下几个功能：信息发布功能、人大代表参与功能、入口统一功能、资源整合功能、资源检索功能。

（四）信息发布功能

信息发布功能起到对外展示的作用，该功能主要对用户进行人大相关信息的展示，信息发布功能提供动态信息和深度加工的静态信息，以满足用户的信息需求。其展示的内容主要包含以下内容：①工作动态：展现立法工作、代表工作、监督工作、选举任免与机关建设等模块信息。②人大要闻：展示各级人大要闻，包括文字新闻、图片新闻、视频新闻等。③重要发布：展示通知公告、常委会公告、代表大会公告与决议决定等信息。④立法工作：展示立法焦距、立法公示、五年立法规则、年度立法计划等信息（见图4－5）。

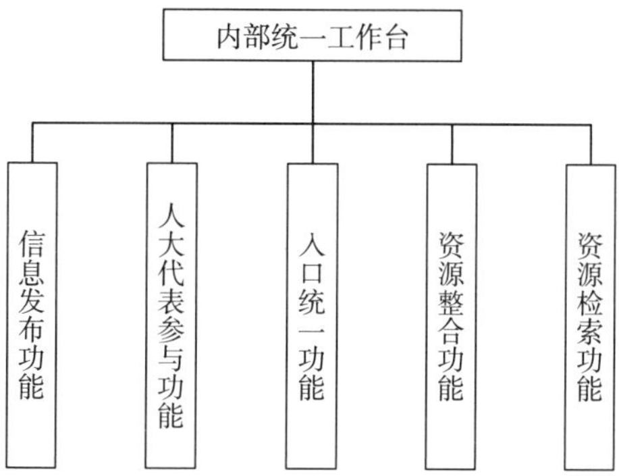

图4－5　统一工作台应用体系架构

（五）入口统一功能

将相关业务或应用系统入口集成到该平台，形成统一的入口。该功能不仅能为用户提供极大的便利，而且对于平台信息、数据等资源可进行统筹管理。各级人大机关工作人员和人大代表可根据工作习惯自定义常用应用功能，进行集中归类便于工作开展。

（六）资源整合功能

1. 个人数据中心

通过统一身份认证的用户可在个人信息数据中心查看机关人员或者人大代表自己的信息。人大机关人员可见自己的待办消息、通知消息、审批流程等，人大代表则可见自己建立的建议提案、收藏关注知识数据文章等。

（1）我的信息。面向人大机关工作人员和人大代表，可查看修改自己的基本信息，代表信息包括姓名、职务、住址、党派等，机关人员信息包括姓名、职务、所在部门、住址等，修改后可将新的信息通过统一机构人员和代表库共享服务推送到各个系统。

（2）通知消息。主要用户为人大机关工作人员，日常事项审批和职务任免、人员调动等机关内部消息都可通过此栏目播报。

2. 待办消息提醒

待办及消息提醒将所有人大信息化系统消息和待办处理的审批流程、事务、通知公告等通过统一应用消息推送服务集成到人大工作台集中展现给用户，以便用户能进行处理，处理操作有转交、传阅、退回等。

（1）待处理的待办。当收到新的待办，可选择查阅列表待办详情进行如下操作：转交、传阅、退回、办结、关注、讨论、打印等，并填写相关的内容进行处理，同时默认发送站内短信给发件人。

（2）已处理的待办。经过处理的待办会转变状态进入已处理的待办，供用户进行查阅，也可进行传阅、转交等操作。

（3）草稿箱。未发送出去的待办若用户不想放弃编辑或者删除即可将其保存到草稿箱以便下一次重新编辑或者发送。

（4）消息中心。将各个系统接收到新的消息和通知进行集中展现，供用户查阅。

（七）资源检索功能

资源检索功能为用户快速获取、搜索相关资源提供便利。资源检索支持基本检索、高级检索、智能检索三种维度，满足用户不同的检索需求，实现多种条件下检索。

（八）提供基本检索

基本检索（提供按时间、标题、关键字等方式的检索）、高级检索（提供诸如二次检索、渐进检索、历史检索、词根检索、大小写敏感检索、全文检索等更为人性化的检索）、智能检索（满足文本、图形图像、数据库表单、视频、声音文件多样化检索）。

(九) 升级改造

对省人大现有7个应用系统进行升级改造，集成于人大信息化统一工作台，包括统一身份认证登录接口、统一基础数据共享接口、待办及消息中心接口升级（本期项目不进行市县级人大信息化系统应用升级），实现7个应用系统在人大信息化统一工作台的单点登录、基础数据共享、统一事项待办处理及消息通知。

(十) 升级改造方案

1. 统一身份认证登录升级改造

通过制定人大统一工作台统一身份认证登录接口规范，对人大所有单点登录的系统进行登录认证接口改造，与统一工作台登录认证接口匹配，用户登录到统一工作台后，从操作台进入别的软件系统时不用再度登录，使用户的实际操作简单化了，也确保了同一用户在不同的软件系统中真实身份的一致性（见表4－1）。

表4－1　　应用系统升级改造一览

序号	系统名称	升级内容
1	代表联络站	统一基础数据共享接口升级
2	代表履职系统	统一身份认证登录接口升级 统一基础数据共享接口升级 待办及消息中心接口升级
3	记者报名系统	统一基础数据共享接口升级 统一身份认证登录接口升级
4	新闻奖报送系统	统一身份认证登录接口升级 统一基础数据共享接口升级
5	议案建议系统	统一身份认证登录接口升级 统一基础数据共享接口升级
6	会议管理系统	统一身份认证登录接口升级 统一基础数据共享接口升级 待办及消息中心接口升级
7	信息报送系统	统一身份认证登录接口升级 统一基础数据共享接口升级 待办及消息中心接口升级

本期需要进行统一身份认证登录接口改造的包括贵州省人大代表联络站、代表履职系统、记者报名系统、新闻奖报送系统、议案建议系统、会议管理系统、信息报送系统（见图4－6）。

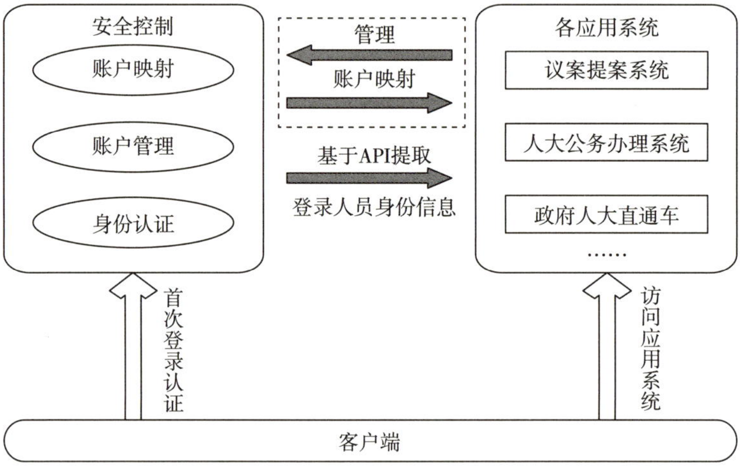

图4－6　统一身份认证接口

2. 统一基础数据共享接口升级改造

通过对基础数据库进行建设，并制定人大组织机构人员数据标准及管理规范，定义数据接口，对所有涉及组织机构人员库数据、代表库数据同步的应用系统进行数据同步接口改造。

本期需要进行统一基础数据共享接口改造系统包括贵州人大网站、代表联络站系统、代表履职系统、记者报名系统、新闻奖报送系统、议案建议系统、会议管理系统、信息报送系统。

3. 待办及消息中心接口升级

通过制定待办及消息中心接口规范，对所有涉及业务流程、公务办理、消息发布的系统进行接口改造，将待办事项和通知消息实时推送至待办及消息中心，实现待办事项及通知消息在统一工作台的汇集和展现。本期需要对待办及消息中心接口进行升级改造，包括反映社情民意信息工作系统、提案管理系统（见图4－7、图4－8）。

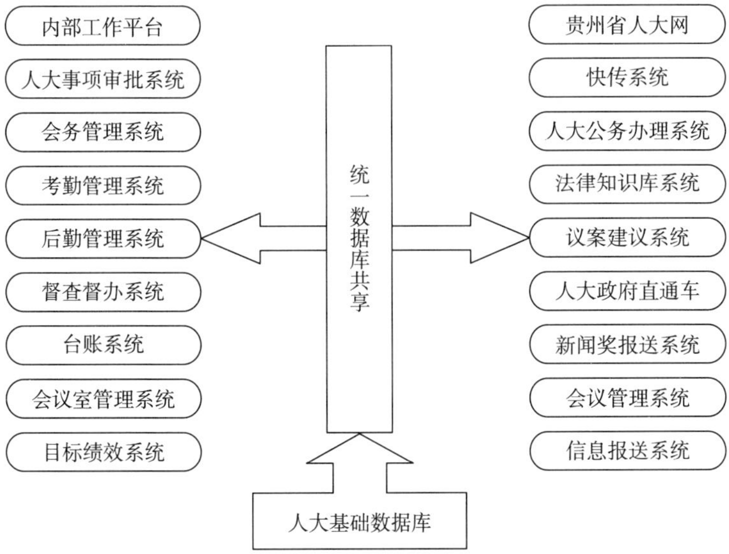

图4－7　统一数据库共享接口

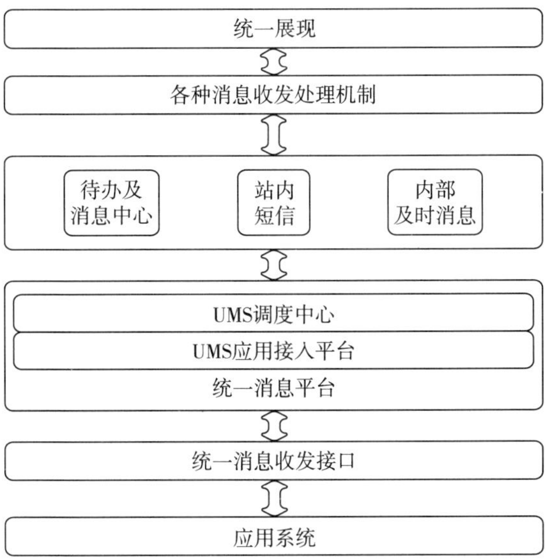

图4－8　待办及消息中心接口

三　应用系统建设

本期项目根据与人大的沟通情况和结果，在统一工作平台中增加以下应用系统。

（一）短信平台

1. 短信平台描述

短信平台（见图4－9）是手机与业务系统进行信息功能整合；解决单位、部门与个人在使用系统进行办公办事过程中，提升办公效率与便捷性，让手机与业务系统进行短信功能整合，能够便捷与高效地使用短信收发功能。

2. 短信平台功能

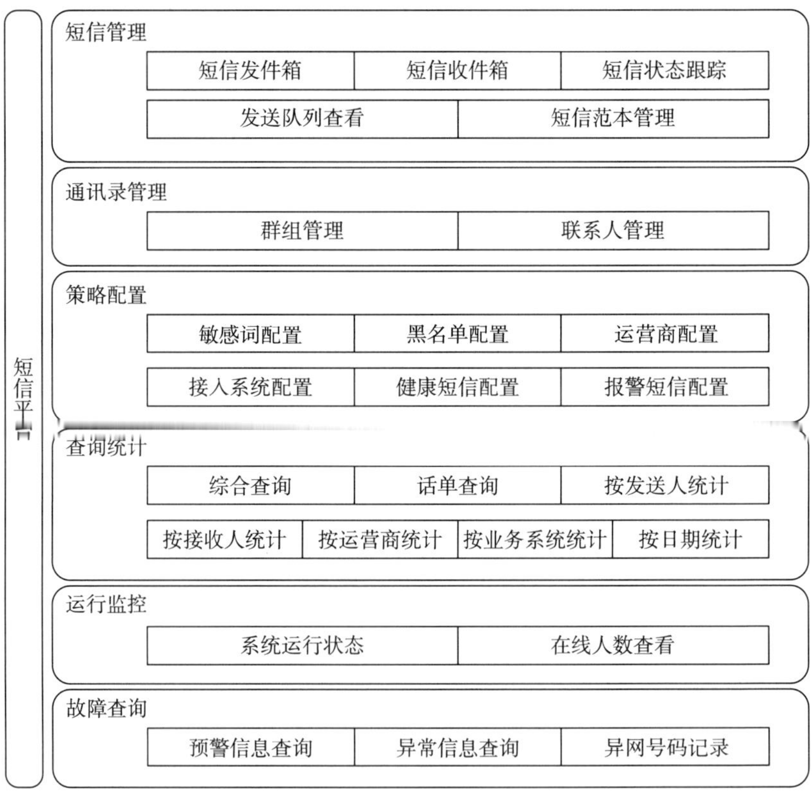

图4－9　短信平台

3. 短信平台业务架构及流程（见图4－10、图4－11）

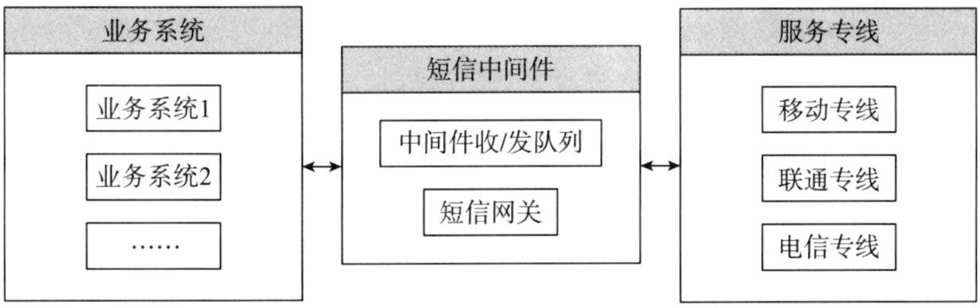

图4－10　短信平台业务架构

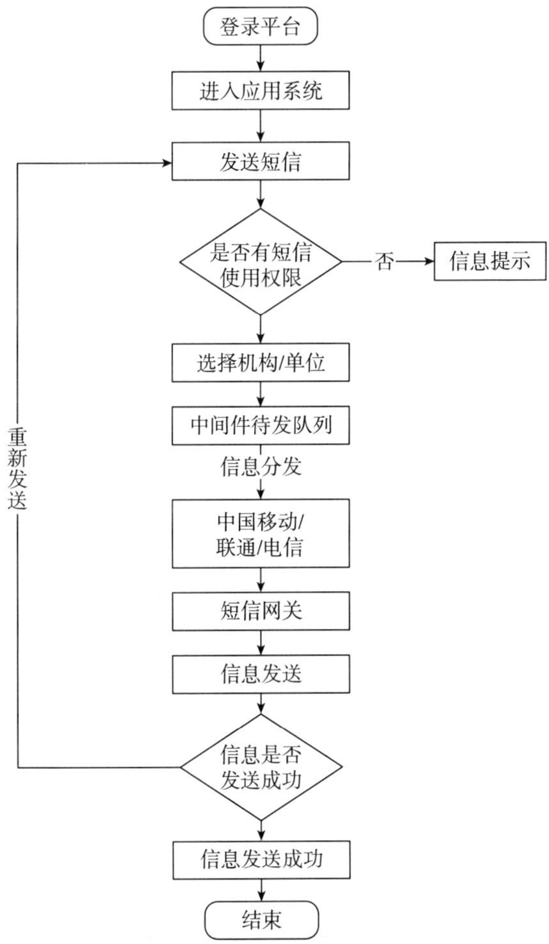

图4－11　短信发送业务流程

（二）快传系统

1. 快传系统描述

快传系统是跨组织、跨层级、无流程、点对点、点对面的快速沟通协作工具，在信息传递、文件交换和沟通讨论中，形成意见震荡，获得反馈，以消息、短信及时提醒工作的系统应用。

2. 快传系统功能

快传系统的各项功能如表 4－2 所示。

表 4－2　　考勤系统功能

功能模块	子功能	功能描述
发起快传	提交发送	发送快传，支持编辑主题、正文，附件上传
	选择收件人	通过搜索最近联系人、常用联系人、本部门联系人（跳转部门联系人列表）的方式去选择指定的收件人
	手机短信	发送快传的同时可以给指定收件人发送短信
	保存至草稿箱	将编辑好或者未编辑完成的快传保存至草稿箱
我收到的快传	收到的快传列表	展示我收到的快传文件，可对快传文件做删除、查看详情操作，重要文件需查看后，才能进行删除操作
	信息互动	与发件人进行实时互动与信息反馈
	添加文件	选择文件进行上传
	文件排序	点击文件，按照时间顺序进行重新排序
	转发	收到快传可进行转发处理
	添加到关注快传	将收到的快传添加到关注的快传
	批量删除	将收到的快传，可做批量删除操作
我关注的快传	我关注的快传列表	按时间顺序，展示我关注的快传信息
	信息互动	与发件人进行信息互动与反馈
	添加文件	选择文件进行上传
	文件排序	点击文件，按照时间顺序进行重新排序
	转发	将关注的快传进行转发处理
	删除	将关注的快传删除
草稿箱	转交	将草稿箱快传进行转交处理
	草稿信息列表	按时间顺序，展示我曾保存到草稿箱的信息
	删除	将草稿箱快传删除

续表

功能模块	子功能	功能描述
我发出的快传	发出的快传列表	按时间顺序，展示我发出的快传
	信息互动	与收件人进行信息互动与反馈
	添加文件	选择文件进行上传
	文件排序	点击文件，按照时间顺序进行重新排序
	转发	将已发送快传，可进行转发处理（转发重新选收件人）
	删除	将已发送快传删除
已删除	已删除的快传列表	按时间顺序，展示我已删除的快传
	转发	将已删除快传进行转交处理
	删除	将已删除快传删除
搜索		快传全文检索
其他	短信平台	短信提醒服务
	状态	已发送，发送失败，已读，未读状态提示
	日志	记录用户操作记录

（三）考勤系统

1. 考勤系统描述

符合公务员管理体系的考勤管理工具，通过人性化、灵活化的考勤机制，能够实现缺勤管理、加班管理、节假日管理、假别管理，自动生成考勤报表，实时了解人员去向动态，提升管理效率。

2. 考勤系统功能

考勤系统各项功能如表4－3所示。

表4－3　　考勤系统功能

功能模块	子模块	子功能	功能描述
系统管理	分组设置	管理分组	由管理员设置分组，设置进分组的人员和部门都纳入考勤系统的考核中
	参数设置	管理工时参数	由管理员设置上、下班的时间给系统，系统根据设置的时间判断全勤、缺勤、旷工等情况并记录，生成考勤表数据
	不参与考勤设置	查询不参与考勤的人员	查询已经设置不参与考勤系统的人员
		管理不参与考勤的人员	考虑到设置分组的方便情况，管理员可以直接在分组中设置整个部门，再在不参与考勤人员中筛选分组中的个别特殊工作人员不参与考勤

续表

功能模块	子模块	子功能	功能描述
系统管理	节假日或调班设置	管理节日参数	由管理员根据自己单位的实际情况设置放假时间和不需上班的时间，系统会自动通过这些数据做判断
	处（室）负责人设置	分配查看与审批权限	考勤管理员，通过机构搜索功能可以设置本单位某人指向为单个部门的缺勤审批负责人，该人员可以查看指向部门的考勤情况、审评该指向部门的缺勤申请
考勤管理	签到签退	签到签退	参与考勤的工作人员进行签到、签退。也可以在门户进行签到
	缺勤管理	查询缺勤	查询单位、部门、个人缺勤情况
		缺勤管理	用户根据自己的工作情况在不能按时签退的情况下提交缺勤理由。提交缺勤后系统会记录缺勤，而不会记录为旷工
查询统计	考勤查询	考勤表查询	按日期、人员信息等条件查询考勤表
		考勤表导出	将考勤表导出省 Excel 表方便打印
	统计查询	考勤数据查询	按日期、人员信息等条件查询考勤数据
		考勤数据导出	将统计数据导出省 Excel 表方便打印

3. 考勤系统出差审批流程

考勤系统出差审批流程如图 4－12 所示。

（四）统一工作 App

基于移动 VPN，是公用网络安全的对单位机关内部专用网络进行远程访问的连接方式，基于这种方式可以构建私人的办公空间，真正做到安全办公、专注办公，从而保证了数据安全和工作的保密性。规范省人大机构各种内部工作业务系统在移动终端上的建设和使用，统一本机构内各类用户的终端使用体验，以移动终端平台为主要载体，以成熟稳定的移动互联网技术为标准，建设一个统一的省人大内部工作 App，实现单人、多人即时会话及消息提醒，并规范其他业务系统整合方式，将本期项目中所建设的业务系统有机整合在同一个 App 平台中，并共享公用的基础人员和账号信息进行单点登录，让用户可统一入口登录使用，可随意在多个系统切换，后续也可以根据业务需求将其他部门业务系统按规范整合进统一工作平台之中。

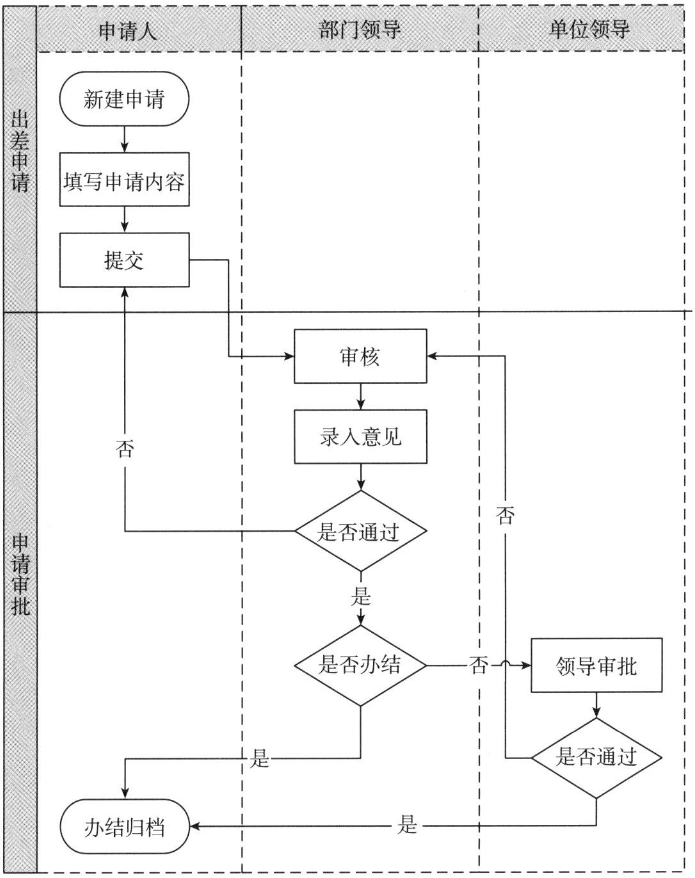

图 4-12 考勤系统出差审批流程

四 系统接入网络设计

本期项目将部署在"云上贵州"平台，各级人大机关工作人员及各级人大代表可通过两种网络对人大信息化统一工作台进行访问。

（1）各级人大机关工作人员或在各级党政机关办公的人大代表通过电子政务外网直接访问。

（2）基于互联网利用 VPN 方式进行访问，目前，省人大已部署基于电子政务外网的 SSLVPN 访问控制系统，并发数为 200 人，省市县三级人大代表及机关工作人员可通过互联网接入，经访问控制系统认证后对人大信息化统一工作台进行访问，并对用户的身份自动匹配访问权限，禁止非法用户接入。

因此，人大信息化统一工作台接入网不需要新建，本期项目不涉及系统接入网络设计。

五　数据处理及存储

（一）数据校验

校检收集的数据是不是合乎基本上的文件格式规定，系统需要支持的基本校验规则可以根据需要配置，常见的校检标准包含：①是不是要求的字段名种类。②是不是要求长短或在要求长短范畴内。③是否为空。④是否保持唯一。

（二）数据转换

对收集到的数据信息开展适度的解决和变换，达到基本库对数据类型的规定，系统软件必须支持的数据信息转换方法包含：①英文字符的大小写转换。②中国汉字的全角和半角变换。③字符串中除掉空格符。④数据转字符串、字符串转数据。

（三）数据共享

数据库共享模块提供各子系统或业务系统接入的接口，实现数据共享库和各信息系统的有机结合，以统一的接口规范实现数据转换、数据发送、数据校验、数据审核等，同时支持数据同步。

（四）数据存储

本期项目数据存储于“云上贵州”平台，存储量需求测算如表4－4所示。

表4－4　存储量需求测算

数据类别	结构化数据（GB）	非结构化数据（GB）	备注
基础数据库	9.77	0.00	新建
待办及消息中心	1904.30	0.00	新建
个人信息数据中心	244.14	0.00	新建
内网栏目管理	0.25	0.76	新建
公文系统	346.58	0.00	新建
快传系统	6.09	0.00	新建

续表

数据类别	结构化数据（GB）	非结构化数（GB）	备注
快办系统	12.00	0.00	新建
考勤系统	16.52	0.00	新建
短信平台	48.62	0.00	新建
人大政府直通车	0.15	0.00	新建
知识库检索系统	20700.00	2000.00	新建
日志	44.92	0.00	存储1年
合计	23333.34	2000.76	

结构化数据存储需要23.3TB，非结构化数据存储需要2.00TB，租用“云上贵州”开放式存储资源。

六 软硬件配置采购清单

（一）硬件采购

本期项目将租用“云上贵州”云计算资源及存储资源，不涉及硬件采购。

（二）软件采购

本期项目软件采购清单如表4-5所示。

表4-5 软件采购清单

序号	软件名称	软件功能描述	数量	单位
	应用支撑平台软件费用			
1	统一服务总线管理模块	统一人大服务系统总线（PSB）完成运用、服务、数据信息和资源的融合，PSB提供统一的服务申请注册与查看体制，支持多系统总线方法的服务启用，提供服务编辑的能力以支持生成服务的搭建，支持对文档、数据库查询和消息队列等多种多样资源的兼容，提供事务管理操纵和XML数据交换的作用，并完成对全部申请注册服务的即时管理方法监管。PSB还提供统一权限管理，控制外部系统对服务的访问权限等功能	1	套

续表

序号	软件名称	软件功能描述	数量	单位
2	统一身份认证登录模块	将各业务系统整合后，基于统一认证组织机构人员管控平台的用户数据，实现所有用户统一登录的入口。能实现所有接入业务应用系统的单点登录机制，一次验证身份，在多个业务系统中使用，包括统一工作平台中所有系统接入管理、密码与证书认证手段。凡经过统一身份认证系统授权的用户，均能实现跨系统间统一登录	1	套
3	统一应用消息推送模块	对所有涉及业务流程、公务办理、消息发布的系统进行接口改造，将待办事项和通知消息实时推送至待办及消息中心，实现待办事项及通知消息在统一工作台的汇集和展现	1	套
4	统一待办处理模块	对各个应用系统的任务进行统一分发，统一展现。根据点一下待办事宜的连接，直接进入业务管理系统的程序模块解决待办事项每日任务	1	套
5	统一日志审计	将日志转化为流式数据，通过统一上传到日志中心集群，供其他系统实时分析处理日志，并将日志持久化存储供离线数据分析处理，供数据查询，或写入告警中心发起异常报警或提供指标监控查询	1	套

七　机房及配套工程建设

本项目部署在“云上贵州”平台，不涉及机房及配套工程的建设。

八　系统配套部署集成服务实施说明

本期项目根据需求分析，对预计部署消耗资源进行分析，最终资源部署需求如图 4 - 13 所示。

本期项目系统集成实施由承建厂商负责完成，并在系统试运行前对人大行政办公人员及人大代表进行相关培训。

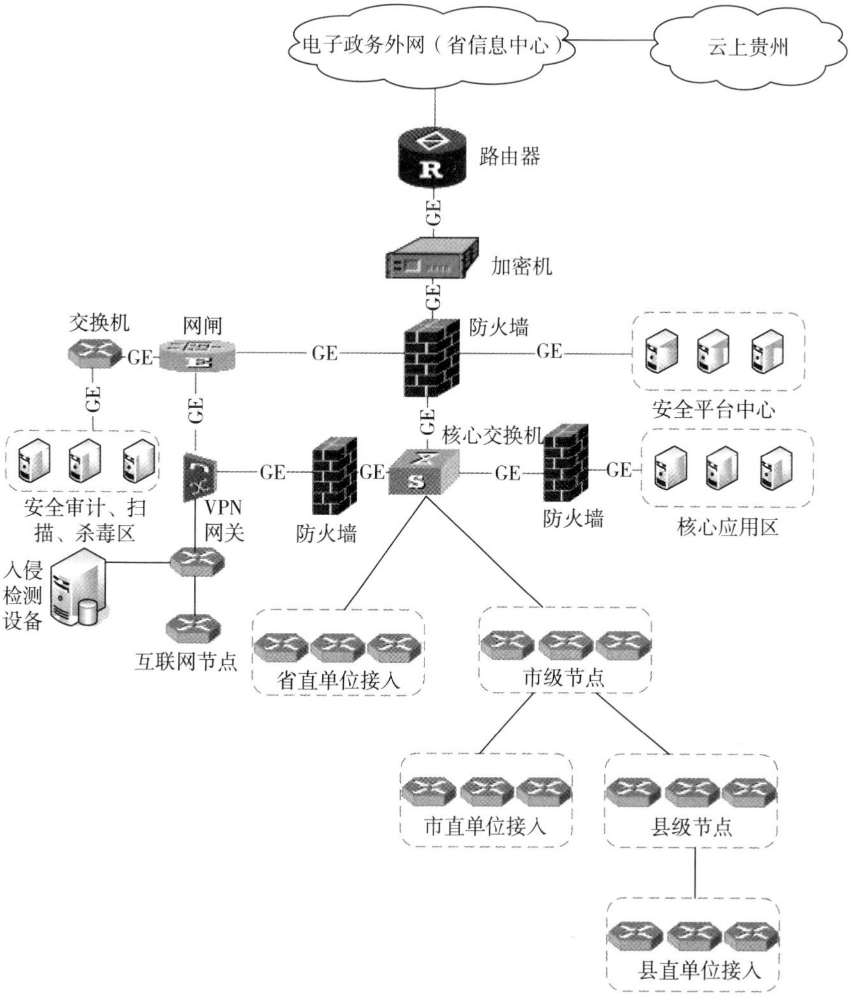

图 4 – 13　系统的总体部署

第六节　项目安全系统设计

一　信息系统安全等级定级

根据本项目定位及《信息安全技术信息系统安全等级保护定级指南》（GB/T 22240—2008）相关指标要求，本期项目新建 6 个信息化系统，信息安全等级定为第三级，即信息系统受到损坏后，会对公共秩序和公共权益造成比较严重危害，或是对国防安全造成危害。

二 信息系统安全风险分析

信息系统的内部及外界均存在不同水平的风险性，这种风险性都很有可能对信息系统造成不同水平的损害，风险量是决定风险自留还是风险转移决策最主要的来源。

信息系统常见的安全风险有：

（1）意外的安全威胁：包括自然灾害和人为灾害。

（2）固有的安全威胁：信息系统多部件在设计方案、生产制造和拼装中，因为人为因素和其他的缘故很有可能留有各种各样的安全隐患：①硬件因素，一般采取管理上的强化来降低这方面的影响。②软件因素，主要有来自系统或用户的，也有软件本身或软件误操作等不同的方面。③网络因素，网络本身就是一种虚拟的网络现实。

（3）恶意的安全威胁：主要是一些人恶意利用数据在介质上存储和传播的形式进行破坏，主要具有冒充、重放、篡改、非授权接入、拒绝服务、抵赖、传播病毒等几种表现形式，是最普遍的信息系统风险。

（4）管理的安全威胁：作为管理者，需要做到提高计算机信息安全意识、掌握先进的技术手段、遵守法规、培养规范的操作方法来防范管理安全威胁。

三 信息系统安全技术方案

信息系统安全技术措施主要包括：物理安全、网络安全、应用安全。

（一）物理安全

物理安全包括机房物理选址安全、设备安全、电源安全、治安安全。机房安全建造和改造应通过上级保卫部门的安全审批、验收，机房按重要性进行分级管理，机房进行合理分区，保障生产环境与运行环境的有效隔离，建立健全机房安全管理制度、应急制度等各项制度，并定期检查制度执行情况；机房应加强人员进出管理，对机房人员出入进行严格登记与监控。

（二）网络安全

本期项目所涉及的传输网络为贵州省电子政务外网，通过部署

VPN、防火墙、入侵检测系统、非法外联监控系统、PKI 接入认证网关等安全设备进行保障，并进行严格的安全保密监管。

访问控制安全包括操纵数据流量和界限，应用服务器防火墙和 ACL 技术性对互联网开展防护，并开展配置管理根据自定的前面网络服务器定项全部外界总流量的路由器，检验和严禁故意的要求，对人大代表在互联网申请对政务外网访问采用 VPN 网关通过对数据包的加密和数据包目标地址的转换实现，人大代表通过互联网连接 VPN 服务器，通过 VPN 服务器进入电子政务外网，电子政务外网 VPN 服务器和人大代表客户端之间数据都进行加密处理。

攻击防御安全指提供防 DDoS 清洗服务抵御各类基于网络层、传输层及应用层的各种 DDoS 攻击［包括 CC、SYN Flood、UDP Flood、UDP DNS Query Flood、（M） Stream Flood、ICMP Flood、HTTP Get Flood 等所有 DDoS 攻击方式］，并实时通知用户网站防御状态，提供防 IP/MAC/ARP 欺骗、访问异常行为分析、安全组防火墙/VPC、安全审计。

（三）应用安全

应用安全包括软件架构安全、软件开发安全、软件安全测试、软件运行安全。

在系统架构的设计过程中通过保证网络完整性、系统完整性、用户账号的完整性、数据的完整性等来确保软件架构安全。软件开发安全则是对软件开发人员的要求，软件开发人员需要全面了解国内外相关政策、软件开发模型及原则、软件安全需求、安全缺陷及防御措施、相关测试原理及项目管理生命周期等。

软件运行安全应对系统运行进行全面监控，使用登录管理员身份检查系统登录情况，假如必须以一个新的操作员真实身份申请注册进入以开启系统其他作用，就必须将当今的操作员从系统管理方法中销户，系统运行过程中，针对死机、网络阻断等有可能造成系统异常的问题及时予以排除，使系统尽早恢复正常秩序。为了更好地确保系统的安全性运作，系统将随时随地对每个商品或控制模块的每一个操作员的左右机时间、实际操作等状况开展备案，产生上机操作日志，便于使全部的实际操作都有一定的记录、有迹可循。

（四）数据安全

数据安全性包含数据完整性、数据保密性、数据备份、数据容灾备份等。系统在数据的传送、储存、处理方式全过程中，应用事务管理传送体制对数据完整性开展确保，应用数据品质可视化工具对数据完整性开展校检，在检测到一致性不正确时开展报警，并选用必需的修复对策。

在电脑上，很多手机软件包含邮件软件、网页浏览器等，都是有保密性有关的设置，用于维护保养客户新闻资讯的保密性。

本期项目将利用人大已建云计算管理资源平台作为重要信息化系统数据的备份平台，保障数据安全。

数据容灾是指建立一个异地的数据系统，从 RAID 保护、冗余结构、数据备份、故障预警等方面来保护数据安全和提高数据的持续可用性，NAS 和 SAN 技术是目前数据容灾备份的主流技术，在这个基础上开发设计健全多方位、多层面的数据容灾备份系统，根据专业的数据存储管理软件并结合对应的硬件和存储设备，实现自动化的备份、文件归档等功能。

四 信息系统安全管理方案

（一）信息系统安全管理策略

信息安全策略是信息安全的整体强制指导原则，其内容包括信息安全的重要程度、作用范围、风险控制、安全措施、业务冲突时的导向性、信息安全依据和标准。需要注意的是，目前信息安全标准种类繁多，合理遵循有助于提高信息安全管理水平，满足机构对信息系统应用高效、优质、可信和安全需求，全面提升机构综合实力。

（二）信息系统安全管理措施

信息系统安全管理措施是指导和控制机构关于信息安全风险的相互协调的活动，包括制定信息安全管理制度、进行风险评估、确定控制目标、选择控制方式、获得安全保证等。信息系统安全管理的实质是风险管理，管理的基础是风险的识别和评估。信息系统安全管理遵循以下原则：①以信息安全策略为指导和支持。②以风险评估为基础选择控制目标和控制方式。③考虑控制费用与风险平衡，将风险控制到机构可以接受的水平。④坚持以预防为主的指导思想。⑤坚持业务持续性原则，从故障和灾难中恢复业务运作，最大限度减少对关键业务的影响。⑥坚持动态管理原则，对风险实施动态管理。⑦动员全员参与。⑧遵循管理的循环持续改进模式——策划、执行、检查、行动。

在信息安全策略的指导下，编制具体管理措施，主要包括安全组织机构建立、风险评估与信息分级、人员安全管理、安全审计管理、安全事件管理等。

五 国产密码支持工作

目前，将严格按照国家云密码机相关规范要求使用国产密码对项目数据传输进行加密工作，保证通信过程中数据的完整性。

第七节 效益与分析

一 项目效益分析

贵州省人大信息化改造项目的效益主要体现在对人大政务及人大工作产生的社会效益。

（1）人大工作在信息化时代充分发挥各类信息化技术、信息资源聚合快速发展的优势，利益高效、智能、自动化的信息手段提升人大机关工作人员及人大代表工作效率，有利于新时期人大工作在工作领域、工作手段和方式上的创新，能帮助人大代表更好地将民主选举、意见征集及时反馈，符合人大工作需要。适应时代发展。通过推进人大工作信息化发展充分发挥代表主体作用。

（2）运用信息化方式与人大工作的有机结合，将有效地促进人大与各阶层代表人士的沟通联系，不断扩大团结面，增强包容性，凝聚各方智慧和力量，体现人大组织大团结、大联合的特点。并建立数据共享系统，为代表提供畅通的信息共享系统平台，建设第三方行业知识库，为人大代表编写议案建议提供专业文献资料参考，提高代表参政议政的积极性，为代表发挥主体作用创造有利条件，密切人大与代表的联系。通过人大系统全方位、高效率的信息管理平台，及时掌握和指导代表开展活动。打通代表与机关沟通的渠道，提高代表参政议政的积极性和履职效能。

二　项目风险分析

（一）风险识别与分析

项目风险从项目前期、项目准备、项目实施、后期运营维护等几个阶段分析。

（1）项目前期：主要是进行项目建设方案等立项资料的编制以及报批审核。项目必须符合国家经济发展和产业调整政策，方案必须具备技术、经济可行性，才能得到大数据局立项批复。因此，在项目前期，项目建设方向和内容必须正确，相关报批材料必须齐全，才能按照正常程序完成立项。而审批立项流程较长，审批过程反复可能对项目的立项时间有较大影响。建议在项目前期，委托专业咨询单位编制立项申报资料，减少立项资料编制的风险；积极与项目审批各方进行沟通，减少项目方向性错误风险；紧跟审批流程，加快项目立项进度。

（2）项目准备阶段：主要是进行项目的招标、场地准备等工作，采购招标过程应按照国家规定的招标流程进行。采购招标工作的主要风险有信息泄漏、违规采购、采购流标等。建议委托专业资质设计单位进行工程设计，委托招标代理机构进行采购招标。

（3）项目实施阶段：主要风险有安全生产、工程质量、项目进度、项目管理等多方面风险。实施阶段要求各方做好安全生产措施，给施工人员投安全保险；严格控制工程质量和进度；引入工程管理单位协助控制工程质量和进度；必要时请第三方机构进行工程管理。

（4）后期运维阶段：可能面临运维能力不足，造成人大信息化系统使用率偏低，建议后期加强运维工作，保障人大信息化系统能够稳定运行。

（二）风险对策和管理

推进人大信息化改造是一项创新性的工作，体制机制是关键。为扎实推进本项目的建设，需加强和建立以下六个方面的体制机制：组织协调机制、咨询评估机制、技术创新机制、开放合作机制、人才支撑机制、宣传推进机制。主要的保障措施有：①组织保障：加强统一领导，成立专门机构统一协调推进人大信息化改造项目建设，研究解决平台发展中的相关重大问题，强化决策咨询。②鼓励创新：鼓励应用模式创新、鼓励技术创新、推广云计算、大数据技术应用，建立人才培训基地。③资源保障：创建投资管理机制和加大财政性资金投入，以保障本次项目顺利实施。④法制保障：强化制度创新、加强立法执法、制定和完善激励政策、鼓励平台标准化落地研究、开展平台指标体系和评估体系专项研究。⑤监督保障：建立评价指标体系和绩效评估机制、建立信息安全组织领导机制和完善信息安全保障制度。

第八节 项目建设与运行管理

一 领导与管理机构

为保证贵州省人大信息化平台基本建设项目顺利进行，按时完成各环节的基本任务，遵照每日任务和规定“等级分和类实施”的基本建设标准。由贵州省人大办公厅信息督查处成立项目领导小组，下设项目管理办公室，组建专门项目组，对重特大的技术性、管理方法、业务流程标准和部门关系协调等开展管理决策，对部门协作的重大问题进行协调。领导和管理机构人员的组成包括贵州省人大办公厅信息督查处主管领导、各业务部门相关人员以及相关技术人员。

二 项目实施机构

通过招标确定的供应商作为主要实施机构和监理单位，要相互配合进行工作。

项目管理方法公司办公室是项目领导组的工作部门，负责信息化建设整体规划、项目建议的机构论述、制订、贯彻落实和工程验收，及其信息管理系统的基本建设、运用、维护保养和业务培训。

项目管理方法公司办公室由综合性组、工程项目组、技术性组、会计组构成。

综合性组：负责机构、论述、撰写项目建议，制定本省信息化建设实施意见、技术规范、规章制度等。

工程项目组：制订方案，组织工程施工和质量把控，主管工程验收、转交。

项目建设任务具体建设内容包括以下几个方面：①通过需求分析、概要设计、详细设计、硬件安装及调测、编码开发、测试、调试上线、用户培训等工作阶段，完成系统的应用软件开发。②制定数据标准、数据加工与维护方案，保证系统能够在此数据标准下高效、稳定运行。③制订系统运行维护方案以及相关运行维护标准。

整个项目的总集成工作，是对整个项目进度进行跟踪、把控，沟通并协调其他厂商（包括与本项目相关的各软、硬件厂商）共同实施，统一组织系统开发、关键技术产品选型、整体软件、硬件及网络环境测试、上线准备等各项工作。

进行系统配套硬件及基础网络方案设计工作，在技术上保证系统在该硬件网络环境下能够安全、稳定运行，各项技术指标能够达到规定要求。

进行贵州省人大信息化平台建设项目的方案设计，并在技术上保证该系统数据能够安全、稳定地与系统自动、定期备份，各项技术指标能够达到项目有关的规定要求。

三　运行维护机构

要运用专业人员进行系统的运行和维护，本项目由贵州省人大办公厅信息督查处进行管理，部署于云上的资源由云上贵州统一维护，其他系统日常运维服务由贵州省人大办公厅信息督查处组织专业运维团队进行运维保障。

四　校准的项目招标方案

招标工作包括招标、招投标、投标、校准等不同阶段的主题活动。本项目将严格遵守国家法律法规，根据审核过的项目前期设计汇报内容举办招标主题活动，并接受有关部门行政监察。

为了更好地节省项目投资，确保项目基本建设品质，本项目将严苛依照国家的相关要求规定，秉承公平合理的原则，依据科学研究的标准招标、招投标。

本项目的招标范围，包括安全咨询服务、初步设计方案编制、工程监理、系统集成、应急响应等保测评以及安全资源等内容。

项目招标工作将由招标代理机构负责。招标代理机构应具有主管部门认定的代理招标评标业务资质；有从事代理招标业务的营业场所、相应资金和专业力量；有符合招标评标法要求，可作为评标委员会人选的相关技术、经济等方面的专家库。

贵州省人大办公厅信息督查处组织相关技术力量负责各项招标文件的编写、评标标准的拟定等工作。文件、评标标准的编写人员，由贵州省人大办公厅信息督查处相关技术人员、业务熟练的代理机构人员和技术、经济等领域的专家共同组成（见表 4－6）。

表 4－6　　项目招投标范围及方式

<table>
<tr><td colspan="2" rowspan="2">项目名称：贵州省人大信息化平台建设项目</td><td colspan="2">招标范围</td><td colspan="2">招标组织形式</td><td colspan="4">招标方式</td><td rowspan="2">备注</td></tr>
<tr><td>全部招标</td><td>部分招标</td><td>自行招标</td><td>委托招标</td><td>公开招标</td><td>邀请招标</td><td>竞争性谈判</td><td>单一来源采购</td></tr>
<tr><td>软件购置</td><td>软件购置</td><td>√</td><td></td><td></td><td>√</td><td>√</td><td></td><td></td><td></td><td></td></tr>
<tr><td rowspan="4">其他费用</td><td>软件测评</td><td>√</td><td></td><td></td><td>√</td><td></td><td>√</td><td></td><td></td><td></td></tr>
<tr><td>设计</td><td>√</td><td></td><td></td><td>√</td><td></td><td>√</td><td></td><td></td><td></td></tr>
<tr><td>信息系统工程监理</td><td>√</td><td></td><td></td><td>√</td><td></td><td>√</td><td></td><td></td><td></td></tr>
<tr><td>“云上贵州”资源租用费</td><td>√</td><td></td><td></td><td>√</td><td></td><td></td><td></td><td>√</td><td>“云上贵州”</td></tr>
</table>

评标委员会主要包括贵州省人大办公厅信息督查处或其委托的招标代理机构熟悉相关业务的代表以及技术、经济等领域的专家。专家从有关部门提供的专家名册或招标代理机构专家库中相关专业专家名单中采取随机抽取的方式确定。

五　项目进度、质量、资金管理方案

（一）项目进度控制

根据项目建设合同总进度计划制订控制性进度目标和月度实施计划，并审查批准实施单位做出的项目实施进度计划，同时检查具体的实施情况；监督实施单位选取有效措施实现目标要求；如果实施进度发生偏差过大，按时向发包人提出调整建议意见，经发包人批准调整进度计划。

实施进度控制工作程序，如图 4－14 所示。

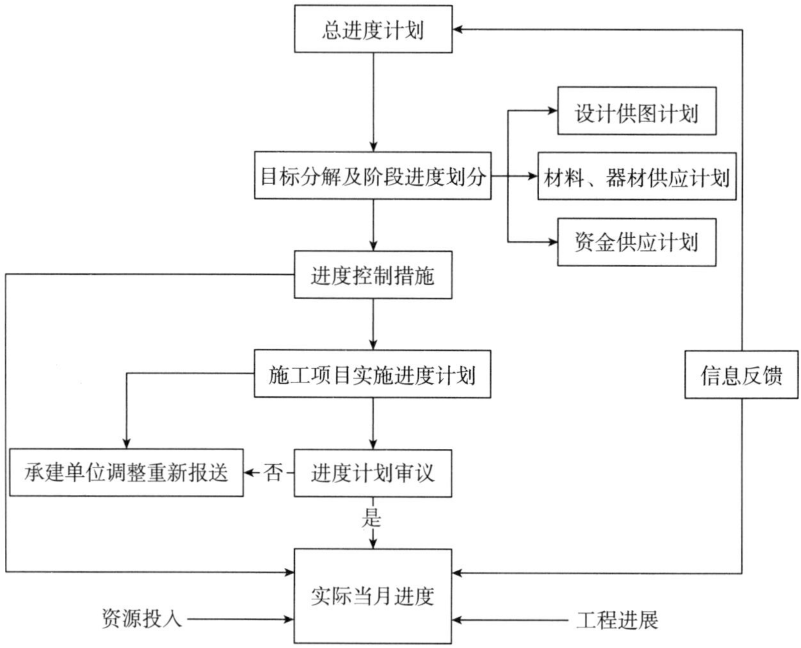

图 4－14　进度控制流程

（二）项目质量控制

项目质量控制是整个建立工作的重点，与进度计划和项目计量相互制约，监理工程师监督实施单位按合同、技术规范设计图纸要求实施，坚持“严格管理、观念不足、求真务实、公平有效、真情服务”的标准；遵照“防患于未然、动态管理、追踪监管”完成新项目质量总体目标（见图 4－15）。

核实质量文件，审查实施单位的质量保证体系和措施。对项目建设合同文件、技术标准等进行全面检查，跟踪监督核心项目部位和主要工序。

以单元项目为基础，按质量验收统一标准的要求，对实施单位评定的项目质量等级进行复核。

（三）项目资金控制

根据项目实施预算编制投资控制目标和分月度投资计划。

审查实施单位提交的项目进度款报表。

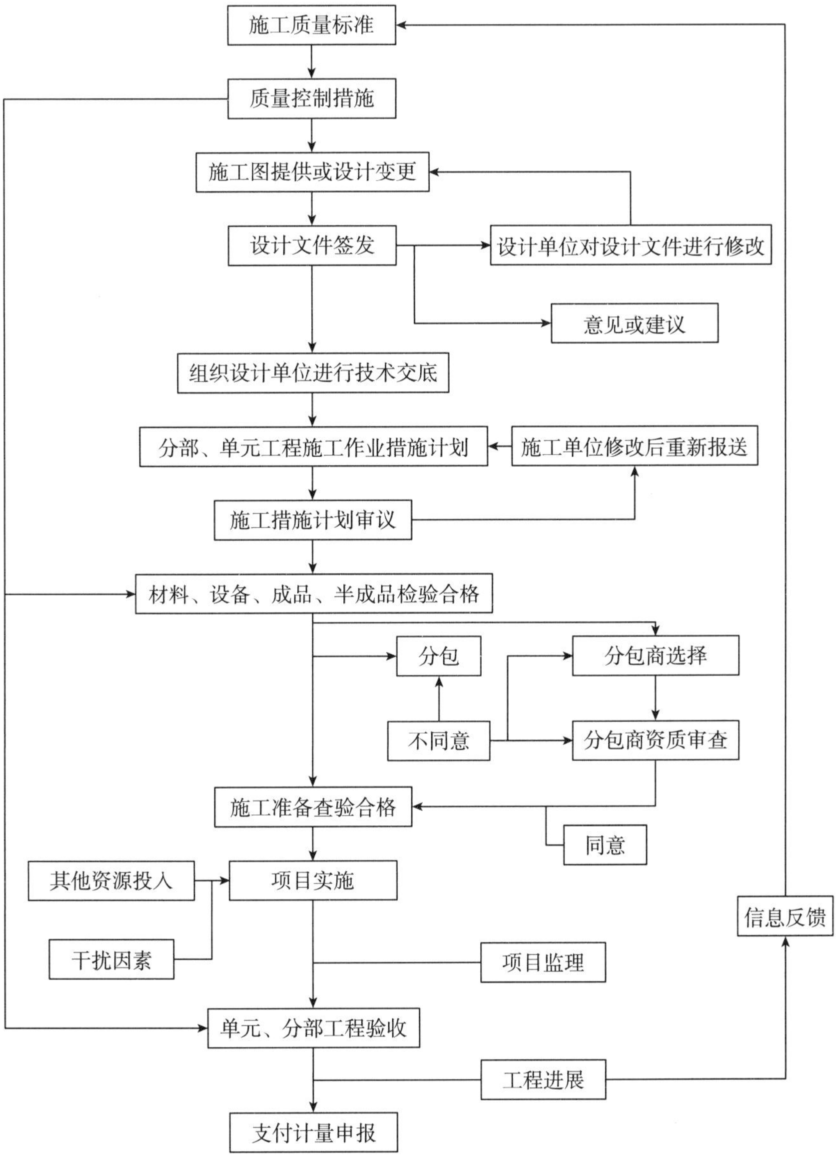

图 4－15　实施质量控制流程

审核实施单位完成的项目量，并签发计量和支付凭证。

受理索赔申请，进行索赔调查和谈判，并提出处理意见；处理项目变更，下达项目变更令。

（四）项目质量措施

1. 质量控制原则

项目建设务必推行工程项目监理制；基本建设、设计、施工和监理企业依规对工程建设质量承担；建设单位务必严格遵守基建项目程序流程，坚持不懈先勘测、后设计、再施工的标准，保证工程项目质量；建设单位要在项目建设设计、公开招标、施工、工程验收、质保等环节开展全方位的质量监管。

2. 质量事前控制

事先控制是事中控制的基本，是完成质量控制总体目标的前提条件和保证，是建筑项目监理部逐渐开展监理的重点工作。因而，进一步加强事先控制工作，把质量难题解决在萌芽期。

3. 质量事中控制

事中控制是工程项目监理的重要工作。事中控制的具体内容为：质量材料和质量控制数据图表真实有效、一致性和合理性；设计变动和工程图纸改动合理化；执行的规范化和查验合理性；事中控制规定严苛查验、及时反馈、立即整顿，因而，事中控制的时间长，技术工种多、影响多、难度系数大，是监理工作的行为主体。

4. 质量事后控制

是根据建设项目提出控制措施，在实施结束后的控制方式。保存项目实施的过程文档，做好项目初验和项目终验工作。

5. 资金安全对策

本期项目建设经费包含中央对贵州省补贴投资及地方投资。按照项目实施进度进行拨付，在保障项目主体工程顺利实施的基础上，留有5%的项目预备金，用于项目的不可见的资金风险进行控制和应对。

项目的资金申请流程需符合主管部门的审批流程，在有关部门的监督管理下使用，项目的各项支出应按照审定的预算方案进行支出，预算方案未列明的支出，应在财政主管部门的书面许可后方可进行。

建设单位要用心做好前期工作提前准备、设计、招投标、施工等环节项目投资控制工作。

在准许的基本建设施工期内，不可抗拒的因素增加投资超过建设项目预留动态投资引起的投资变化，应向原批准单位申请调整投资。

第九节 人员配置与培训

一 人员配置计划

（一）项目建设期间

本项目建设办公室和专家委员会人员由建设工作推进组根据业务工作需要，动态配置工作人员。其中，专家委员会，建议建设期聘请外部专家不少于5人。

（二）项目运行期间

信息系统运维队伍建设采用培训现有技术人员和聘请运维公司技术人员的方式来实现。运维工具可采用独立采购的方式进行部署（见表4－7）。

表4－7 运维小组配置方案

序号	部门名称	人数	主要职责
1	综合管理小组	2	关键的业务范围和规则的确定等
2	硬件运维小组	2	机房管理、网络设备管理、服务器管理、存储设备管理等
3	应用服务小组	2	承担平台的日常运维、需求记录、BUG处理等服务

二 人员培训方案

（一）培训目的

为了保证贵州省人大信息化平台项目的安全稳定运行，提高系统使用效率，需要对系统的维护管理人员提供全方位的培训，协助各级建立一支技术过硬、业务精通的应用及维护队伍。让有关工作人员对系统有充足掌握，了解系统软件的结构设计和工作方式，把握系统软件的工作内容和操作步骤。

（二）培训对象

针对贵州省人大信息化平台项目建设的技术特点和使用人员状况，需要对以下两类人员提供培训：

1. 系统维护管理人员

对系统维护管理人员的培训主要包括：①与硬件设备有关的技术

培训。对工作人员在计算机设备、网络服务器、机器设备的作用、特性、安装和运作管理方法的应用上进行专业培训。②与软件应用有关的技术培训。对相关人员在业务应用的日常操作及配置等方面进行专门培训。

2. 系统使用人员

由于本期项目的服务对象是面对省人大办公厅各级领导及工作人员预计400人，贵州省人大办公厅信息督查处需要针对不同层级、不同类型的使用人员安排有针对性的培训。使用人员的培训主要包括以下几个方面：①各个领导人员培训。信息管理系统基本建设是典型性的“一把手工程”，根据对各个领导人员的培训，使他们了解到本建设项目和运作的重要性和必要性。同时，也会对全体工作人员起到非常好的表率作用。②业务工作人员运用培训。根据对业务工作人员开展软件系统培训，使他们尽早了解把握系统软件，并根据信息管理系统处理业务协作与资源共享，提升工作效能和工作质量。

3. 培训内容

（1）计算机应用基础培训。了解计算机的组成和网络基本知识；掌握计算机操作系统的基本知识和使用技巧；掌握浏览器使用和在网上搜索信息的方法；掌握常用软件的安装和卸载；掌握计算机病毒的基本知识和常用的检测杀毒方法；掌握网络安全的基本概念；学习信息系统的管理规定。

根据贵州省人大信息化平台建设项目总体要求，计算机应用基础培训以本地培训为原则，由贵州省人大办公厅信息督查处依托现有信息技术力量自行负责解决，不单独估算投资。

（2）系统应用培训。系统项目中涉及的应用系统较多、对省人大各级工作人员的应用能力要求更高，为确保项目顺利实施以及日常维护工作有序进行，相关技术人员需掌握相关应用操作知识。为此，需制订一个循序渐进、由浅入深、全面的培训计划，为项目培养雄厚的技术力量。

系统应用培训主要内容包括：①应用价值：使省人大各处室工作人员了解信息化平台各项功能给日常办公带来的价值，促进大家对应用系统的建设工作进行学习。②系统操作：了解掌握平台各项功能的操作和后台配置，促进省人大各级工作人员的操作水平。

根据贵州省人大信息化平台建设项目的总体要求，应用系统操作培训也采用骨干培养结合上级归口指导的方式，由贵州省人大办公厅信息督查处统一协调组织开展。

第五章

贵州省工商联大数据服务平台

第一节　项目概述

一　项目名称

项目名称：贵州省“云上贵商”服务平台建设项目

二　初设及概算编制依据

（一）初设编制依据

（1）习近平总书记在民营企业座谈会上的讲话（2018 年 11 月 1 日）。

（2）《全国工商联办公厅关于“云上贵商”工程建设的实施意见》（全联厅发〔2018〕27 号）。

（3）《全国工商联关于“云上贵商”工程建设的指导意见》（全联厅发〔2017〕59 号）。

（4）省委、省政府《关于进一步促进民营经济发展的政策措施》（黔党发〔2018〕29 号），关于印发促进民营经济发展《政策落实专项行动方案》等六大专项行动方案的通知（黔中小领办〔2018〕1 号）。

（5）《贵州省推进“一云一网一平台”建设工作方案》（黔府办函〔2018〕183 号）。

（6）《贵州省大数据局关于编制 2020 年度省级政务信息系统建设计划的通知》。

（7）中共中央办公厅、国务院办公厅《国家信息化发展战略纲要》。

（8）《中共中央办公厅　国务院办公厅关于加强信息资源开发利用工作的若干意见》。

（9）关于转发《国家信息化领导小组关于我国电子政务建设指导意见》的通知。

（10）中共中央办公厅、国务院办公厅《2006—2020 年国家信息化发展战略》。

（11）中共中央办公厅、国务院办公厅《国民经济和社会发展信息化“十三五”规划》。

（12）中共中央印发《关于加强和改进党的群团工作的意见》。

（13）《国家电子文件管理“十三五”规划》。

（14）《国家电子政务总体方案》。

（15）《政务云 · 贵州省电子政务网应用平台接入规范》（DB52/T 1261—2018）。

（16）《政务云 · 贵州省电子政务网应用平台公文数据交换规范》（DB52/T 1260—2018）。

（17）全国工商联《关于“网上工商联”工程建设》的指导意见（全联厅发〔2017〕59 号）。

（18）《贵州省工商联“云上工商联”项目工程规划设计方案》。

（二）概算编制依据

（1）《电子工程建设概预算编制办法、电子设备安装工程费用定额》（信息产业部〔1999〕）。

（2）工程建设监理费根据发改价格〔2007〕670 号文估算；建设单位管理费按财建〔2002〕394 号的有关规定估算；招标代理费按招标代理费按照计价格〔2002〕1980 号文估算。

（3）应用软件及系统预算依据国家软件协会编写的《软件项目开发概算指南》。

（4）《建设项目前期工作咨询收费暂行规定》。

（5）《产品质量认证收费管理办法和收费标准》。

（6）信息产业部《信息系统工程监理暂行规定》。

（7）《信息系统工程造价指导书（2012 版）》。

（8）设备购置费根据市场价取值。

(9) 咨询费按实际支出数估算。

三 建设目标、规模、内容、建设期

(一) 建设目标

通过1—2年的系统建设，基本建成数据化、智能化、自流程化的“云上贵商”服务平台及配套基础设施，形成“生长式发展、服务化运营、集中化管控、个性化应用”四位一体的信息化格局，创新贵州省工商联业务管理和服务方式，形成工商联工作的全局一体化环境以及服务非公经济的共建共享生态，达到信息融合共享、运维安全保障到位、管理科学、工作高效的目标。截至2021年年底，率先建成全国第一个网上工商联大数据服务平台。争取在全国范围内率先实现覆盖贵州省的省市县乡四级网上工商联大数据服务平台。

(1) 全面提升信息技术支撑能力。

(2) 全面提升业务处理能力。

(3) 全面提升经济运行监测预警能力。

(4) 全面提升非公企业互动以及信息共享能力。

(5) 全面提升服务发展能力。

(6) 全面提升教育引导能力。

(7) 全面提升辅助决策能力。

(一) 建设规模

平台建成后将覆盖贵州省各级工商联商会组织2217个，其中，行业商会583个、省内地域性商会343个、乡镇商会914个、街道商会113个、其他商会175个、海外某商会62个，涉及商会会员22.5万人。

(三) 建设内容

贵州省“云上贵商”服务平台主要分为服务、投诉和办公三大板块及智慧考核系统，其中服务板块是省工商联不同于其他部门的特色板块。

(1) 服务板块。包括工商联协会会员管理服务系统、“云上党建”平台、宣传教育平台、综合服务平台、互联营商平台、企业画像系统。

(2) 投诉板块。包括投诉中心平台。

(3) 办公板块。包括工商联办公信息化系统。

(4) 智慧考核。包括积分转换标准规范、积分管理统计分析等。

（四）建设期

综合考虑全省各级工商联商协会的实际业务需要、项目管理能力和项目风险控制等各种因素，贵州省“云上贵商”服务平台项目建设期预计为26个月，实施时间划分和主要工作任务大致如下：

（1）项目审批立项阶段。完成项目实施方案编制。

（2）项目实施阶段。完成项目招投标、谈判工作、项目需求分析；中标供应商进行系统软件开发，以及安全可靠终端部署等，系统软件及安全可靠终端进行部署及全面测试等。

（3）项目试运行和验收阶段。各应用系统和安全可靠终端上线试运行；项目技术培训和工程验收工作。

第二节 项目建设单位概况

一 项目建设单位与职能

本项目建设单位为贵州省工商业联合会（以下简称“省工商联”），主要的职能主要有以下几个：

（1）团结一致、服务项目、正确引导、文化教育非公有制经济发展人士热爱祖国、爱岗敬业、诚实守信、遵纪守法、奉献，塑造拥戴党的组织建设、走社会主义民主、社会主义社会道路的非公有制经济发展人士团队。

（2）做好非公有制经济代表人士政治安排的推荐工作。参加政治协商会议，充分发挥协商民主功效，积极主动参政议政。

（3）参加政府部门有关的经济主题活动，联络全国各地工商界人士，进行民俗外交关系，促进对外经济贸易沟通交流和合作，推动经济社会经济发展。

（4）参加融洽劳务关系，推动构建和谐社会基本建设。

（5）具体指导本会直属机关商会工作，积极开展社团组织基本建设工作，推动产业协会商会改革发展。

（6）体现非公有制公司和非公有制经济人士切身利益，维护其合法权利。

（7）为会员出示现行政策信息内容、人才资源学习培训等服务项目。机构、会员、公司参与各种对外经济贸易主题活动，参观考察调查，协助会员企业品牌推广销售市场。

(8) 配合相关部门进行非公有制会员企业文化建设工作。

(9) 积极主动正确引导非公有制公司以及非公有制经济人士担负企业社会责任，全力支持爱心公益工作发展趋势，积极主动投身于光彩事业。

(10) 筹办省委、省纪委和上级领导总工会督办的其他任务。

二 项目实施机构与职责

按照统一领导、分工明确、职责清楚、层次分明、协调配合的原则。本项目建设实施机构为贵州省工商业联合会。主要职责是：①具体组织和指导贵州省“云上贵商”服务平台建设项目建设。②负责统筹贵州省“云上贵商”服务平台建设项目实施方案编制，配合有关部门进行项目实施方案的评审等立项的准备工作。③履行贵州省“云上贵商”服务平台建设项目工程的立项和开工建设程序。④组织贵州省“云上贵商”服务平台建设项目的培训。⑤负责各工程项目及相关资料的建档工作、项目运行维护期间的记录档案工作。

第三节 需求分析

一 政务业务目标需求分析结论

(一) 面临的挑战

信息化系统呈现出集约管理、全面渗透、跨界融合、统一保障的发展趋势，为工商联在现有基础上进一步加强信息化建设提出了新的挑战。

一是整体规划和顶层设计能力的挑战。全省各级工商联长期处于弱组织、弱关系、弱连接的状态，信息化建设各自建设、多头管理问题较为明显，必须通过整体规划与顶层设计构建完整的体系，才能有效整合资源形成优质服务能力。

二是信息化基础设施支撑能力的挑战。全省各级工商联资源有限，难以支撑不断提升的信息化发展需求。集中力量建设高性能网络、数据中心等基础设施，组建高水平信息化建设和运营保障人才队伍是维持工商联信息系统高效运转的必备条件。

三是应用系统整合能力的挑战。目前，全省各级工商联分散建设形成大量孤岛式信息系统，信息共享程度和利用率偏低，不利于整体价值的充分发挥。有效整合资源，统一数据库、平台、应用、标准和保障体系建设，是工商联信息化建设中的重要挑战。

四是信息资源管理与服务能力的挑战。目前海量外部数据获取与管理存在诸多薄弱环节，导致业务开展所依托的各类数据鲜活程度低、数据质量差。要获得及时、精准的非公有制经济态势信息，就必须着力提升云计算、大数据挖掘等信息资源管理与服务能力。

五是保障体系建设能力的挑战。目前，工商联信息化的标准、安全、运维等保障措施相对比较薄弱，亟待制定统一的技术标准、建立完善的运转机制，支撑信息化工作的长远可持续发展。

六是信息应用贯通能力的挑战。独立运行的信息化应用对非公有制经济主体多样化的业务需求支撑力度不足，只有依托应用开发与运行环境，打通应用系统的集成互通环节，才能充分体现应用系统支撑作用。

（二）业务发展需求

工商联是党领导的具有统战性、经济性、民间性的人民团体，是党和国家联络非公有制经济人士的桥梁，是政府部门管理非公有制经济的小助手，促进全省非公有制经济健康发展和非公有制经济人士健康成长（以下简称“两个健康”）是党中央赋予工商联的使命。近年来，贵州省将大数据产业作为全省战略，全方位加强大数据基础设施建设，不断发展大数据产业，省直各单位都在运用大数据云平台推动信息化与政务服务的广泛融合，降低了服务成本，提高了服务成效。如何依托贵州省现有的大数据产业基础，运用大数据方法手段构建服务全省两个健康的平台体系，拓展服务能力，提升服务成效，已经是迫在眉睫的工作任务。

（1）建设“云上贵商”服务平台，是贯彻落实习近平总书记有关指示批示精神的迫切需要。党的十八大以来，习近平总书记站在全局和战略高度，对民营经济发展多次发表重要讲话、作出重要指示批示。习近平总书记多次重申坚持基本经济制度，注重要“毫不动摇地巩固和发展公有制经济”“毫不动摇地激励、支持和引导非公有制经济发展”；

在党的十九大报告中，又把“两个毫不动摇”写入新时代坚持和发展中国特色社会主义的基本方略，作为党和政府一项方针政策进一步明确。2018 年 11 月 1 日，习近平总书记在民营企业座谈会上强调，要从“减轻企业税费负担”“解决民营企业‘融资难，融资贵’问题”“营造公平竞争环境”“完善政策执行方式”“构建亲清新型政商关系”“保护企业家人身和财产安全”6 个方面支持民营经济发展。2018 年 12 月 19—21 日，习近平总书记在中央经济工作会议上再次强调要支持民营企业发展，强调“坚决破除民营企业发展障碍，增强发展内生动力”“发展多层次资本市场，提高直接融资比重，解决好民营企业和小微企业融资难融资贵问题”“保护民营企业家的人身安全和财产安全”等。建设“云上贵商”服务平台，就是要以高度的政治自觉、思想自觉、行动自觉坚决贯彻落实习近平总书记关于支持和发展民营经济的指示批示精神，集成现有资源，构建新的服务平台，积极帮助民营企业破解“融资难融资贵”问题“完善政策执行方式”“构建亲清新型政商关系”等难题。

（2）建设“云上贵商”服务平台，是落实全国工商联“网上工商联”建设的重要工作内容。2017 年，全国工商联经请示全国政协和中央统战部同意后提出了自上而下建设“网上工商联”的目标，并印发了《全国工商联关于“网上工商联”工程建设的指导意见》（全联厅发〔2017〕59 号），要求各级工商联按照《“网上工商联”工程顶层设计框架》“统一设计规范、统一系统标准、统一数据接口”，因地制宜地开展建设，确保工程顺利实施，互联互通。2018 年，《全国工商联办公厅关于“网上工商联”工程建设的实施意见》（全联厅发〔2018〕27 号）明确以提高工商联凝聚力、影响力、执行力为基本要求，以全面提升“教育引导能力、服务发展能力、运行监测预警能力、辅助决策能力、业务处理能力、基础信息技术支撑能力、其他综合服务能力”七大能力为目标，加快企业服务平台建设，全面提升工商联信息化服务水平，并要求在 2019 年启动全国工商联“网上工商联”建设，2020 年初步具备一定的服务能力。贵州省是全国首个大数据综合试验区，充分依托全省大数据产业发展的基础，通过实施“云上贵商”项目，因地制宜、率先建成贵州省的“网上工商联”，对完成上级工商联交给工作任务，展示贵州省大数据产业发展新成果具有十分重要的现实意义。

（3）建设“云上贵商”服务平台，是深入贯彻落实贵州省民营经济发展大会精神的重要举措。2018 年 12 月 28 日，在贵州省民营经济发展大会上，省委、省政府印发了《关于进一步促进民营经济发展的政策措施》以及 6 个专项行动方案，推动贵州省民营经济加快发展壮大。省委书记孙志刚并要求全省上下，认真领会文件精神，着力打通政策执行的“最后一公里”，在审核批准、运营运作、公开招标、资源因素配备等层面一视同仁，为民营企业打造出公平交易自然环境。让民营企业与其他所有制企业享受平等待遇，给民营企业发展创造充足市场空间。省长谌贻琴强调，“要真正把民营企业家当作自己人，把民营企业的事当作自己的事，将民营企业的难点痛点堵点作为我们工作的切入点，全力打造民营经济发展的政策洼地、服务高地”。建设“云上贵商”服务平台，就是要通过大数据方法和手段，集成各级政府数据共享开放平台，加强与各级政府互联互通，为民营企业提供“一站式”数据服务，同时构建广大民营企业的合法诉求反映渠道，加强对简单粗暴、侵害民营企业及民营企业家合法利益者的监督管理，跟踪问效，解读政策，更好地促进省委省政府的民营经济发展政策落实落地。

（4）建设“云上贵商”服务平台，是深化工商联自身改革发展，提升服务能力的现实需要。习近平总书记指出：“工商联要加强自身建设，增强工商联组织的凝聚力、影响力、执行力，推动工商联所属商会改革，切实担负起指导、引导、服务职责。”为此，我国制定《贵州省工商联深化改革实施方案》提出了建立民营经济网络服务平台，融合各种公共数据，提升各个总工会机构的信息内容相通、信息共享和业务流程协作，构建“互联网 +”工商联服务体系，加快建设服务、联系、工作一体化的改革措施。建设“云上贵商”服务平台，是为了进一步加强自身改革发展，构建服务新体系，拓展服务新能力，运用大数据方法手段汇集政府、社会等资源，切实为广大民营企业、海内外贵州省商会和全省各级工商联所属商会出示现行政策咨询、项目投资、股权融资、高新科技、管理方法、经贸关系等层面的服务项目，进一步为众多民营企业提供方便快捷高效率服务项目。

（5）建设“云上贵商”服务平台，是创新民营企业服务手段，促进贵商高质量发展的新时代需求。据统计，贵州省现有各级商会协会2000多个，会员达22.5万个，全省民营市场主体数达260多万户，某人在省外创办的企业达200多万户，加上近年来在海外发展起来的海外某商会和省外某商会，庞大的服务对象，对全省工商联服务需求逐渐增加，省委、省政府主要领导多次强调，某强则贵商强，贵商强则某强，没有贵商的崛起，就没有贵州省的今天，贵州省要后发赶超，离不开广大贵商。在贵州省发展的历史进程中，天下贵商功不可没，最近5年，在省外境外创业的贵州省籍企业家和在贵州省创业的外省籍企业家引资入黔超过8000亿元，成为贵州省经济发展重要的支撑力量。面对日益增加的贵商群体，迫切需要全省工商联系统适应大数据融合发展趋势，坚持以应用为中心，充分挖掘大数据商用、政用、民用价值，用大数据平台重塑工商联服务体系，提升服务能力，积极推进“互联网+商会”，整合各种有效数据资源，为全球贵商提供科学化、精准化、便利化服务，为广大商会组织提供智能化、自流程化的服务，不断促进“两个健康”。

二　系统功能指标

根据本期项目的实际需求及用户数量，总体系统性能需求如下：

（1）系统使用寿命≥5年。

（2）一般查询端响应时间≤2秒。

（3）复杂报表端响应时间≤4秒。

（4）系统恢复时间≤2小时。

（5）数据交换能力：根据信息流量预测。每秒交换数据量不低于40MB。

（6）数据备份：全备份在12小时内完成，增量备份在2小时内完成。

（7）系统应具有可用性，支持负载均衡，保持系统稳定，做到数据不因突发情况丢失和损毁。

（8）可支撑最大并发用户数111人。系统需具备至少支持150名用户同时在线的能力。

（9）系统可以支持系统主机、操作系统、网络、数据库7×24小时稳定运行。

(10) 系统运行要实现故障恢复不中断业务服务。

(11) 系统应采用大量的数据冗余技术，有效提高数据的存取速度。

三　信息量指标

目前，贵州省民营经济蓬勃发展，2018 年全省民营经济实现增长值 8143.44 亿元，同比增长了 10.9%，占全省 GDP 达 55%，民营企业从业人员占全省城镇从业人员的比重达到 86.6%；民营企业达 67.78 万户，个体工商户近 200 万户，民营企业占全省市场主体总量 97.3%，民营企业是自主创业学生就业的关键行业、技术革新的关键行为主体、中国税收的关键。因为全省经济社会的不断进步，会员总数达 22.5 万个，全省各级工商联商会组织达 2217 个，这个庞大的群体仍在不断增长。

四　系统性能指标

根据本期项目的实际需求及用户数量，系统具体性能指标要求主要包括：

(1) 数据加载、升级：均值每万条记录解决时间 30 秒内。

(2) 数据信息审批：均值每万条记录，百条审批关联解决时间在 1 分钟以内。

(3) 数据统计：均值每万条记录，百条归类解决时间在 1 分钟以内。

(4) 数据备份：系统备份线上数据信息一次在 2 小时以内。

(5) 数据恢复：修复系统线上数据信息一次在 8 小时以内。

(6) 数据整理：一条记录存储系统软件响应时间在 5 秒钟以内。

(7) 数据查询：当地 5 秒以内，远程控制 30 秒以内。

(8) 综合查询系统响应时间：本地 1 分钟内，远程 3 分钟内。

第四节　总体建设方案

一　指导思想

全面贯彻落实《国家信息化发展战略纲要》，进一步落实全国工商联信息化工作会议精神和《全国工商联办公厅关于加强工商联信息化建设的意见》，以提升总工会凝聚力、知名度、执行能力为基本要求，以全面提升“教育引导能力、服务发展能力、运行监测预警能力、辅助决策能力、业务处理能力、基础信息技术支撑能力、其他综合服务能力”七大能力为目标，加快企业服务平台建设，全面提升工商联信息化服务水平，把“云上贵商”工程打造成为服务非公经济领域的示范工程、新时期工商联开展业务工作的基础平台、推进两个健康的重要抓手和服务引导非公经济人士的主要阵地。

二　总体设计原则

本工程建设新项目将在参考世界各国有关新项目建设成功案例的基础上，灵活运用目前优秀、关键技术和考虑到长久发展趋势要求，统一整体规划、统一合理布局、统一设计方案、规范标准、突出主题、逐层实施，在实施对策上，需要投资额度，统一领导干部、统筹协调、规范化及关键业务流程关键推动，重视信息内容的共享和安全管理体系建设，为了确保建设的一致性和项目投资的实效性，建设优秀而好用的云上总工会系统软件。

总体建设方案主要遵循以下原则和策略：

（1）统筹规划原则。加强统筹规划，充分整理贵州省工业协会目前行政部门数据信息工作流程、业务流程明细和公共数据，并对相对应的应用平台开展统筹兼顾和整体规划，建设贵州省“云上贵商”综合服务平台整体建设架构，为数据信息高宽比共享、协作运用和深层剖析的落地式实施确立夯实基础。

（2）统一标准原则。依照国家、省、市智慧政务、网络信息安全和云计算技术的标准和规范开展“云上贵商”建设，另外建设相对应的整体规划、建设、技术性和运营管理标准，达到数据传输、共享、对外开放和运用要求。

（3）开放共享原则。选用对外开放化、规范化的服务平台构架开展“云上贵商”建设，并为将来很有可能的建设预埋可拓展的插口。在整体构架友谊台子上要考虑到部门协作运用和数据传输共享的要求，保证公共数据共享利用目标的实现。

（4）分步实施原则。优化项目实施发展目标，对必须开展权利运作管控的事宜，区划轻重缓急和难度系数水平，制定责任分工和倒排工期表，阶段性基本建设，持续小结提炼出好工作经验、好做法，不断推进基本建设。

（5）安全保障原则。项目建设遵循围绕国家、省、市网络与信息安全平台的整体要求，通过网络安全、数据安全、云主机安全等方面进行统筹考虑。进而限定系统软件的非法入侵，使互联网、系统优化。对于云计算技术运用中所产生的安全隐患，提升安全防范、个人隐私保护和容灾备份体制。

三　总体目标

到2021年，“云上贵商”将基本建成由“统一的数据库体系、统一的目录体系、统一的平台体系、统一的应用体系、统一的标准和保障体系”五个统一的信息化服务体系组成的网络化全省工商联服务平台及配套基础设施，形成“生长式发展、服务化运营、集中化管控、个性化应用”四位一体的信息化推进格局，创新贵州省业务管理和服务方式，形成全省工商联工作的全局一体化环境、以服务非公有制经济的共建共享生态，信息融合共享、运维、安全保障到位、管理科学、工作高效。全面提升教育引导能力、服务发展能力、运行监测预警能力、辅助决策能力、业务处理能力、基础信息支撑能力及其他综合服务能力。率先建成全国第一个网上工商联大数据服务平台。争取在全国范围内率先实现覆盖贵州省的省市县乡四级网上工商联大数据服务平台。

四　总体建设任务与分期建设内容

建成的贵州省“云上贵商”服务平台项目。

（1）一期建设内容。完成工商联商协会会员管理服务系统、“云上党建”平台、宣传教育平台、综合服务平台、工商联办公信息化系统、智慧考核建设。

（2）二期建设内容。完成投诉中心平台、互联营商平台建设及信息管理中心建设。

（3）三期建设内容。完成企业画像系统建设。

五　系统总体结构和功能结构

“云上贵商”服务平台总体架构分为四大主体层面设计，基于贵州省大数据云平台，以政务外网、政府数据共享开放平台等为依托，符合全国工商联标准规范体系、运维保障体系、安全保障体系，兼容全国工商联信息化平台数据，整合内外部数据资源，覆盖全省各级工商联、商会组织和海内外某商会的一体化办公系统和全球贵商服务系统，分为服务聚合、应用集成、业务集成、数据融合，同时通过数据共享标准规范和数据交换规范连接全国工商联数据中心，实现省市（州）工商联、商协会、企业、第三方服务平台的横向连通（见图5－1）。

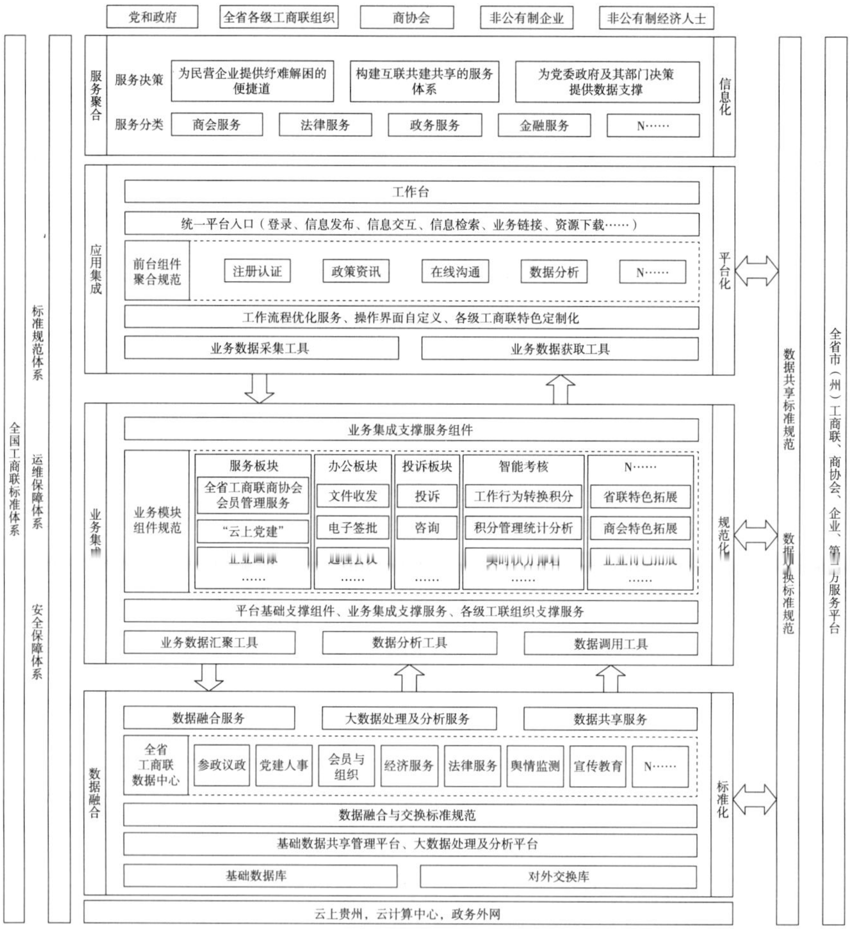

图5－1　系统总体架构

（一）服务聚合

“云上贵商”以达到信息融合共享、运维安全保障到位、管理科学、工作高效为目标，为党和政府、全省各级工商联组织、商协会、非公有制企业、非公有制经济人士提供服务决策。

（1）为民营企业提供纾难解困的便捷通道。先从帮助企业解决问题入手，建立企业画像，通过对企业的人力资源数据分析和经营情况数据分析、信用评级数据分析等，提供金融服务、法律服务等综合性服务，逐渐满足企业实现对接金融、政策推送、人才引进等需求。

（2）构建互联互通共建共享的服务体系。通过“云上贵商”服务平台建设，提供商会服务，将各级工商联及其商会、会员以及广大非公有制企业融合在一个平台上交流沟通、协同工作、服务支持，不断拓展工商联的服务能力。

（3）为党委政府及其部门决策提供数据支撑。建立必要的数据池，大幅度收集整理全省与民营企业执行相关联的各种数据，提供领导决策参考，同时提供领导跟踪问效、督办督查、服务企业的移动互联网端口。

（二）应用集成

应用集成通过指定组件聚合规范，建设统一工作台界面，实现 PC 端统一工作台和移动端统一工作 App，用户统一的登录、信息发布、信息交互、信息检索、业务链接、资源下载等用户操作，通过规范化的注册认证、政策咨询、在线沟通、数据解析等机制，提供工作流程优化服务，界面自定义服务，为全省各级工商联组织特色化定制功能，让各业务系统按规范创建，实现工作流程优化，统一工作界面，为用户提供优质的用户体验。

（三）业务集成

业务集成层面通过制定业务模块化及服务组件规范化，集成接入或建设不同需求的共性服务组件及个性化业务模块，实现模块化机制，并通过建设业务集成支撑服务组件，让异构系统容易实现业务联动和数据互通，并为扩展到全省各工商联组织、商协会、企业使用进行特色设计。提供平台基础支撑组件、业务集成支撑服务、全省各级工商联组织支撑服务，利用业务数据汇聚工具、数据分析工具、数据调用工具等与数据融合层进行数据交换（见图 5－2）。

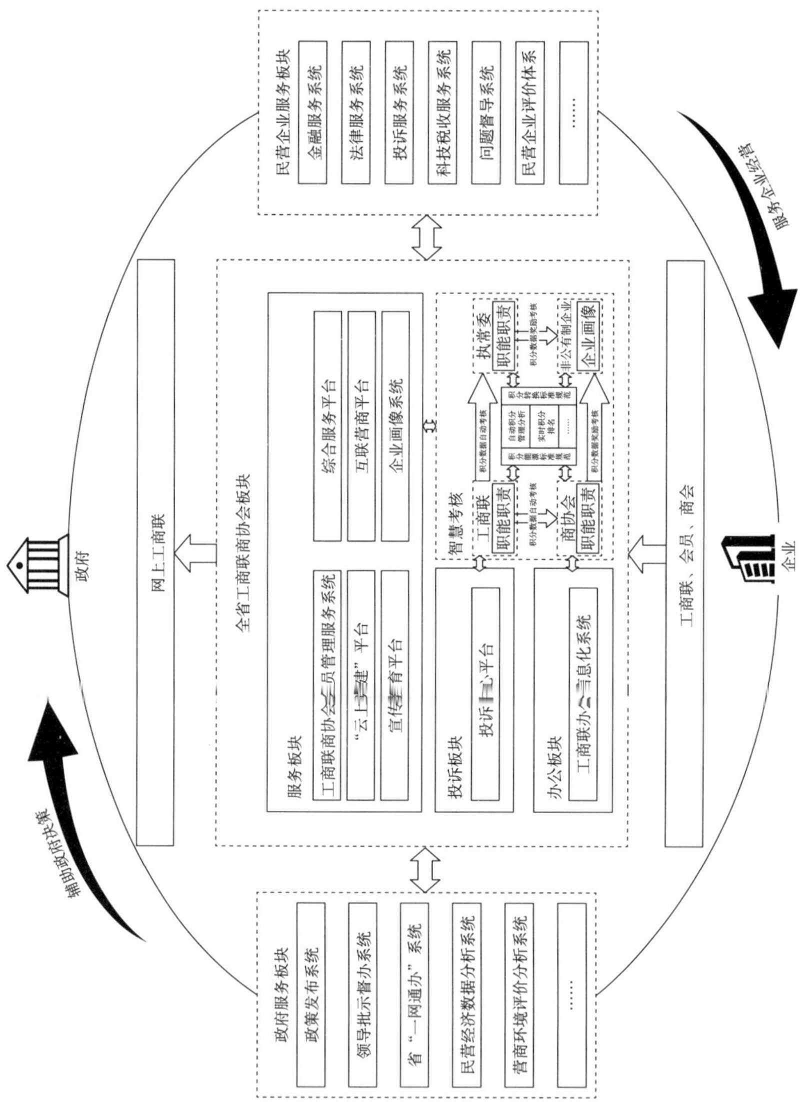
政府
企业
辅助政府决策
服务企业经营
网上工商联
工商联、会员、商会
全省工商联商协会板块
服务板块
综合服务平台
互联营商平台
企业画像系统
投诉板块
办公板块
智慧考核
工商联
职能职责
商协会
执常委
非公有制企业
企业画像
民营企业服务板块
金融服务系统
法律服务系统
投诉服务系统
科技税收服务系统
问题督导系统
民营企业评价体系
……
政府服务板块
政策发布系统
领导批示督办系统
省“一网通办”系统
民营经济数据分析系统
营商环境评价分析系统
……

图 5－2 功能逻辑

“云上贵商”服务平台主要分为服务板块、投诉板块、办公板块和积分板块，其中服务板块是省工商联不同于其他部门工作特色，积分板块是“云上贵商”服务平台不同于“网上工商联”的创新特色。

（1）服务板块。包括全省工商协会会员管理服务系统、“云上党建”平台、宣传教育平台、综合服务平台、互联营商平台、企业画像系统，全方位地为全省各级工商联组织、商协会、企业提供服务。

（2）投诉板块。构建投诉中心平台，为民营企业提供维权服务的新渠道。通过“云上贵商”服务平台受理民营企业维权投诉，有效拓宽民营企业反映合法诉求的渠道。

（3）办公板块。构建工商联办公信息化系统，实现省、市（州）、县三级工商联与全国工商联信息化办公系统数据互联互通。

（4）智慧考核板块。此板块为创新特色板块，将积分制贯穿全系统，对工商联执委、常委等组织人员，对商协会，对民营企业，使用积分制管理机制，按需制定统一规范积分规则，将执常委等人员的职能职责转换为对应积分，通过对积分的统计分析、排名，为各工商联组织人员的内部考核，工商联对商协会的考核，商协会自身考核及对企业评估提供量化参考，创新渠道。

（四）数据融合

数据融合层面，将贵州省各级工商联组织的数据、各有关单位数据以及逐步纳入的非公有制企业的数据共同联网汇聚于基础数据库、对外交换库，通过基础数据共享管理平台、大数据处理及分析平台，通过构建业务数据融合与交换标准规范，建立参政议政、党建人事、经济服务、法律服务、宣传教育等基础业务主题数据库进而逐步形成具备一定规模的全省工商联大数据中心，实现数据融合、沉淀，为政府决策、商会运营、企业经营提供量化参考。利用数据融合服务、大数据处理分析服务、数据共享服务等共计实现数据标准化，为多种业务系统的数据汇聚和融合使用提供基础支撑（见图5－3）。

1. 工商联商协会会员管理服务系统

实现基础数据收集录入，为功能板块提供数据支撑。

（1）省工商联本级数据：包含省工商联主席（会长）、副主席（副会长）、常委、执委、专门委员会成员等个人可以公开的数据。

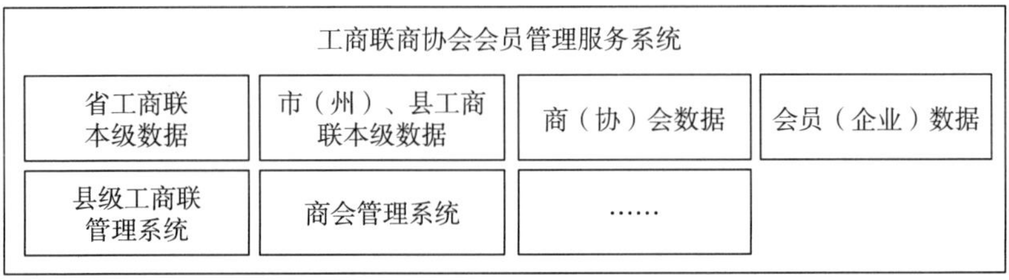

图5-3　工商联商协会会员管理服务系统

（2）市（州）、县工商联本级数据：包含市（州）、县工商联主席（会长）、副主席（副会长）、常委、执委、专门委员会成员等个人可以公开的数据。

（3）商（协）会数据：部分开放，分省、市（州）、县、乡镇四个层次。包含省内商会、省外商会、港澳台贵商组织、国外贵商组织基本情况（类别、组织构架、人员组成等）、成员信息、公检法、涉案情况、商协会活动开展情况、行业推荐表彰挂牌情况。

（4）会员（企业）数据：部分开放，分省、市（州）、县、乡镇四个层次。包含基本情况（性质、经营类别及范围、企业法人基本资料、组织构架及人员组成、经营情况等）、工商税务质检环保情况、公检法案件情况，自流程化对商会建设进行评价。

（5）商会管理系统：制定商会规范化、标准化建设体系，建立在线即时信息收集系统，自流程化对商会建设进行评价。

（6）县级工商联管理系统：制定县级工商联建设体系，建立在线即时信息收集系统，自流程化对工商联建设进行评价。

2. “云上党建”平台

宣传党的建设工作、政策咨询，对直属商协会、非公企业党组织党建工作指导调研，指导各级党组织标准化规范化建设工作。实现一云党情、一点抓学习、一评树先锋、一键聚活力和一考促业务，有效提升工商联党建工作水平（见图5-4）。

（1）思想建设模块：包含党建理论、学习制度、思想教育等内容。

（2）组织建设模块：包含组织系统、党员档案、党员培养等内容。

（3）作风建设模块：包含党风廉政、反腐倡廉等内容。

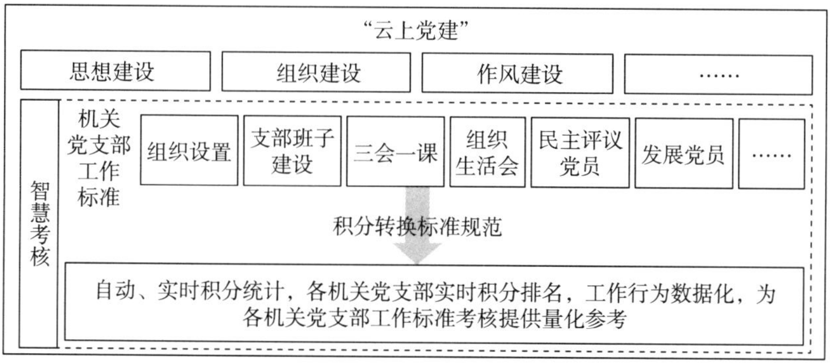

图5-4 "云上党建"

为促进和更好贯彻落实党建工作，创新应用智慧考核系统，建立积分转换标准规范，将各机关党支部组织设置、支部班子建设、三会一课、组织生活会等工作标准考核评价内容自动、即时转换生成积分，工作行为数据化，实现考核智能化，为党支部标准化建设，提供量化参考。

3. 宣传教育平台

实现工商联宣教工作触手的全面延伸，促进媒体融合、智能传播，具备一定的舆情收集、舆情引导、宣传教育能力。

（1）教育活动模块：包含教育计划、教育内容、教育对象、教育方法、教育手段、教育材料等内容（见图5-5）。

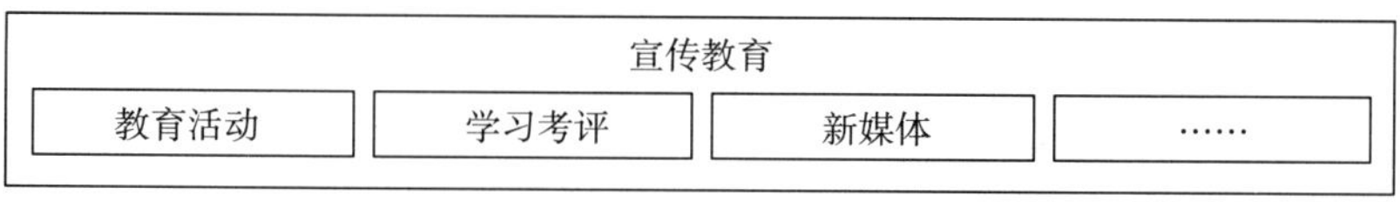

图5-5 宣传教育平台

（2）学习考评模块：包含学习训练、日常考评、定期测评等内容。

（3）新媒体：建设以工商联大数据支撑体系下的媒体形态，如数字杂志、数字报纸、数字广播、手机短信、手机App、移动电视、网络、数字电视等，实现信息即时报送。

4. 对接政务平台

（1）对民营经济发展所需的政务服务进行调研研究，按服务类别、性质、需求接入政府服务中心及各业务部门政务平台（见图5-6）。

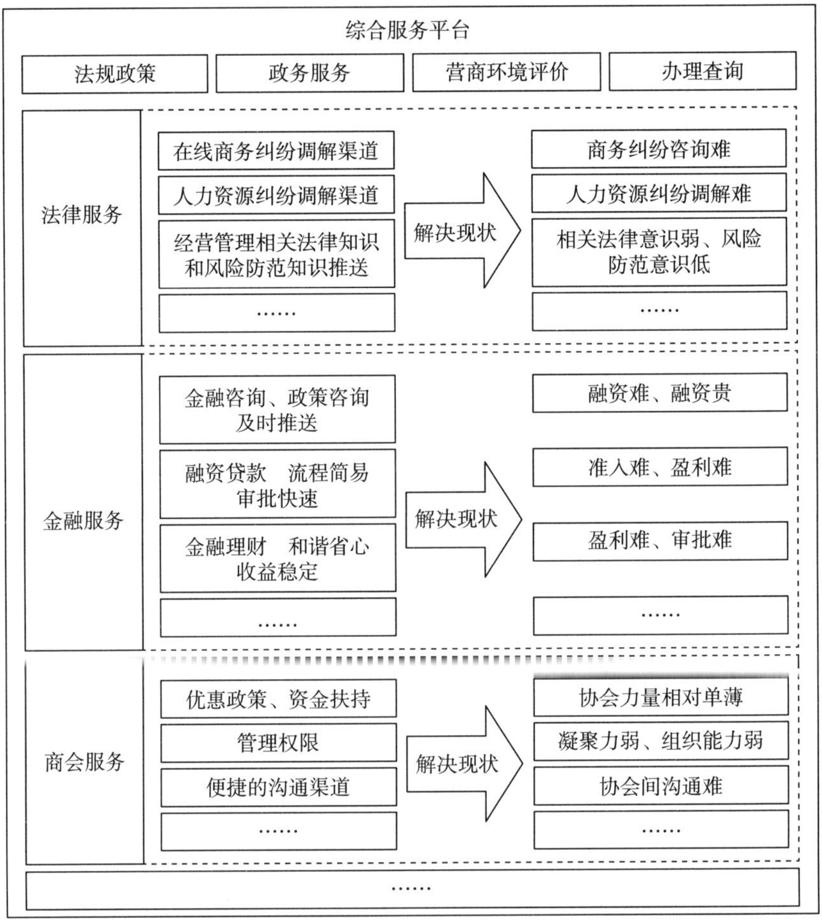

图5-6　综合服务平台

①法规政策模块：包含与民营经济挂钩的政策法规文件、政策法规解读、咨询解答等内容。为全省各级工商联、商协会及企业推送最新优惠政策，解决卷帘门、玻璃门、旋转门等问题。

②政务服务模块：包含市场监督、工信、税务、安全、卫生、环保、医保等政务办理。提供市场监督、工商、税务及医疗等事项办理入

口，为民营企业打造一个便捷的政务办理平台。

③法律服务模块：包含公安、纪检、监察、法院、检察院等涉案情况咨询及办理、法律咨询等内容。主动适应和积极引领经济发展新常态，对于推动非公有制经济平稳发展和非公有制经济人事部门有序发展有重要意义，进一步完成法律援助专业能力和水准双提高。整合司法行政部门资源，为民营企业提供在线商务纠纷调解、人力资源纠纷调解通道。

④金融服务模块：包含融资投资、信贷结算、金融超市、商业保险、金融信息咨询及财务战略联盟等内容，为企业提供多样化金融服务，着力整合企业资源，形成财务战略联盟，促进企业间资源共享、优势互补，解决企业“融资难、融资贵、用工难、准入难、盈利难、审批难”等问题。

⑤商会服务模块：商会作为服务会员企业经济组织，其力量相对单薄，商会服务模块为商会提供更多优惠政策、管理权限及资金扶持等，加大对协会组织的政策扶持力度，为会员企业提供更加便捷的交流渠道，提高协会服务能力和凝聚力，团结会员企业，实现合作共赢。

⑥办理查询模块：针对服务需求，查询业务办理进度。

⑦营商环境评价模块：每年邀请部分辖区内民营企业家对本辖区营商环境进行评价，形成全省营商环境排名，促进省内各地不断优化营商环境，为民营企业松绑，从根本上解决企业招人难、留人难等问题（见图5－7）。

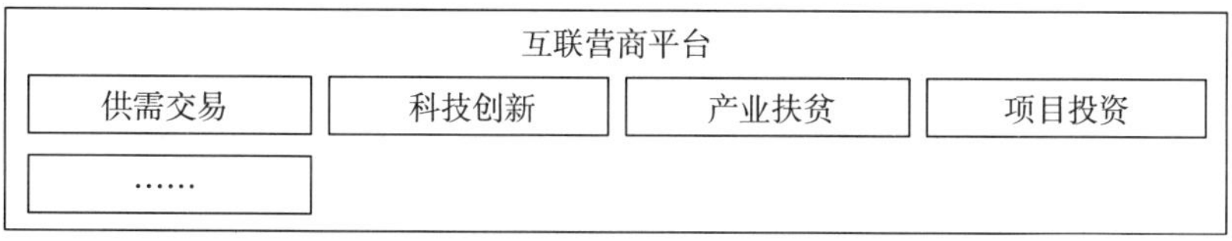

图5－7 互联营商平台

（2）促进民营企业实现优势互补、供需互补、合理投资，助推民营企业科技创新，助力产业扶贫深度开展，为民营经济营造良好市场氛围，为企业提供更多参与社会建设的机会，提升企业社会归属感（见图5－8）。

①供需交易模块：包含企业优势、产品宣传、供需数量、交易方式等内容。民营企业可在此模块宣传自身优势产品或发布产品和技术需求，为企业提供产品和技术的推广渠道，帮助企业尽快将公司产品和技术转换为生产力。

②科技创新模块：包含科技创新人才申报、科技创新项目申报等内容。为民营企业推送最新科技项目信息，提供科技项目申报入口，拓宽民营企业获取科技项目信息的渠道。

③产业扶贫模块：包含产品考察、产品推广、产品销售、营销渠道等内容，为民营企业提供产品推广和销售渠道，提高产业扶贫能力，助力“黔货出山”。

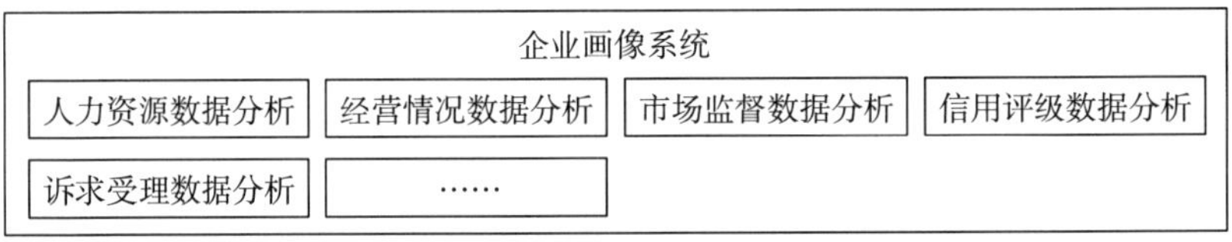

图 5－8　企业画像系统

④项目投资模块：包含投资申报、项目规模、投资成本、项目周期、预期收益等内容。为民营企业提供项目建设方案发布平台，拓宽民营企业获取天使投资的渠道，引导社会资源有效聚集，推动优势产业高质量发展。

（3）促进民营经济体良性发展，为政府部门了解掌握民营企业经营状况提供真实数据和定性分析。

①人力资源数据分析模块：包含人员类别分析、人员结构分析、工作性质分析、成分素质分析、职位结构分析、工作效率分析等内容。

②经营情况数据分析模块：包含资产负债分析、利润分析、现金流量分析等内容。

③市场监督数据分析模块：包含对经营类别、经营性质、经营产品的监督、提醒、查处、补救、整改进行数据分析。

④信用评级数据分析模块：结合市场监督、税务、安全、卫生、环保、医保等方面履行情况，以及公安、检察、法院涉案情况，对其进行

信用评级，评估该民营经济体经营情况。

⑤诉求受理数据分析模块：包含受理部门、办理时限、结案情况等内容（见图5－9）。

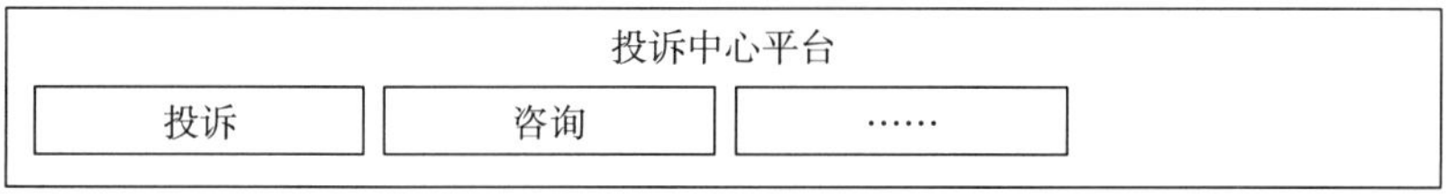

图5－9　投诉服务平台

（4）构建民营企业投诉平台，为省长直通车提供新通道，实现24小时全天候在线受理与督办、跟踪，为民营企业提供维权服务的新渠道。与各级政府职能部门建立协作机制，通过“云上贵商”服务平台受理民营企业维权投诉，有效拓宽民营企业反映合法诉求的渠道（见图5－10）。

①投诉模块：包含投诉对象、投诉类别、投诉事由、处理结果等内容。

②咨询模块：包含案例查询、在线咨询等内容。

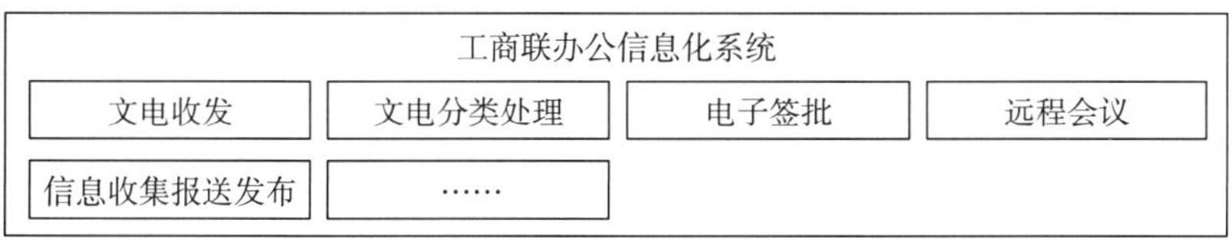

图5－10　工商联办公信息化系统

（5）实现省、市（州）、县三级工商联与全国工商联信息化办公系统数据互联互通。

①文电收发模块：即时接收发送全国、省、市（州）、县四级工商联报送文件。同时，按照文件的时间及范围，及时推送给企业家副主席、副会长知晓。

②文电分类处理模块：对文电按责任分工进行分拣报送，线上处理各类文电。

③电子签批模块：直接在电子文稿上进行签批，自动记录使用人姓

名、使用时间、使用次数，信息自动生成签章日志。承办人及经办人可以随时查询签批日志，以便监督掌握文电办理情况，科学管理。

④远程会议模块：利用 PC 或移动端，实时将语音和视频图像远程交互共享，构建企业家副主席、副会长与省工商联机关的视频会议平台。

⑤信息收集报送发布模块：即时向全国、省、市（州）、县四级工商联、各商协会、执常委企业及会员报送信息，具备信息报送的统计、分析等功能。

智慧考核作为“云上贵商”区别于其他工商联服务平台的创新特色功能，积分制管理理念由中国管理科学研究院学术委员会特约研究员、中国管理科学院企业管理创新研究所兼职副所长、中国管理模式创新十大时代影响力人物、中国管理创新杰出人物李荣老师提出，并开始执行，用积分调动员工的积极性、增强制度的执行力、打破分配中的平均主义、留住人才、建立优秀的管理团队、解决管理中的各种困惑。自 2008 年“积分制管理”面向全国推广以来，目前，积分制管理已被国内外数万企业、机关、事业单位引进使用，产生了十分明显的实际效果，在社会创新整治层面，积分制管理也被广泛运用于小区和乡村整治，实际效果卓然，引起国家有关部门和地方领导的重视。中国管理科学研究院研究员、中国发展与改革研究院研究员廖代月称李荣老师独创的积分制管理解决了世界管理难题——管人的问题。

积分制管理不仅适用企业，同样适用政府机关事业单位，当前，体制内的政府机关事业单位，其管理方法主要是靠一些考核指标来提高职工的思想觉悟和增强敬业精神，靠规章制度来加强职工的责任心、事业心，但这些办法缺乏原动力，所以作用总是有限的，而唯一的原动力就是干部的提拔机制，新来职工工资最低，而积极性却最高，因为指望提拔晋升，所以什么事都愿意做、主动做，什么苦都愿意吃，但提拔的职位又是有限的，一些职工发现没有提拔的机会，虽然工资在上涨，却降低了工作的积极性。

智慧考核能替代工商联、执常委、商协会传统的考核方式，包括积分转换标准规范，积分管理、统计、分析、维护，积分实时排名等功能，使用积分制管理理念，将各级工商联、商协会、企业相关职能职责、工作考核标准，通过积分转换标准规范设置，自动转为对应积分，并实现对各级工商联、商协会、企业等的实时分值统计，按名次与评先进挂钩，与工资以外的各种福利挂钩，与干部职工评先进挂钩，与职工入党挂钩，与职称晋升挂钩，与干部职工提拔晋升挂钩，与外出学习、考察挂钩，积分高的优先考虑，每月的积分名次公布，与面子挂钩等，从各方面激励干部职工的原动力，用数据反馈工作完成情况，实现考核智慧化（见图5－11）。

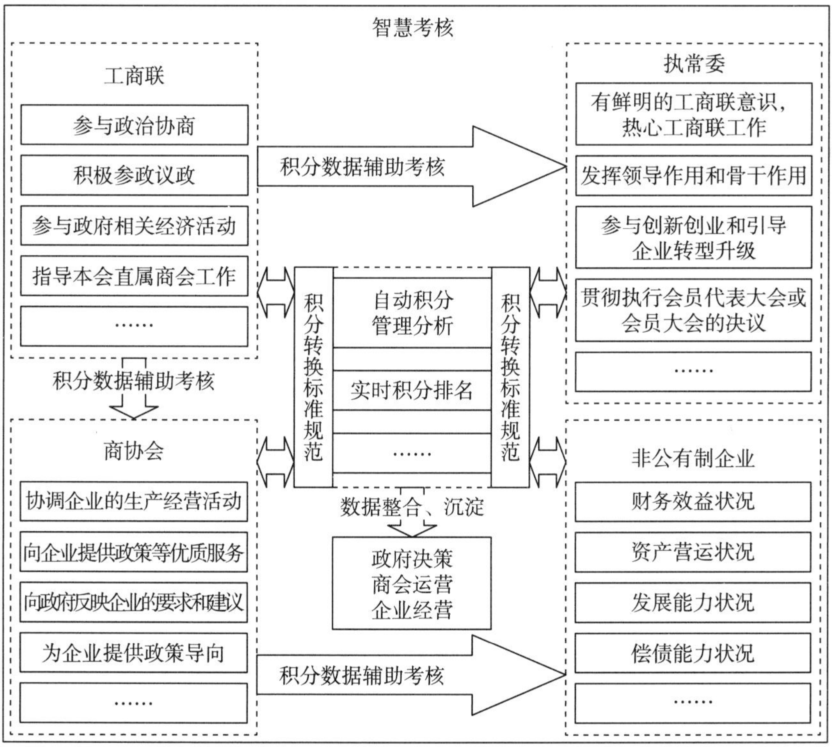

图5－11 智慧考核

一是工商联。工商联作为党和国家联络非公有制经济人士的桥梁，是党的统一战线工作和经济工作的重要内容。为了加快落实工商联的工作，工商联组织制定了管理考核制度，然而繁多的考核指标，人工化的考核方式，成为工商联考核工作的难点痛点。通过智慧考核，利用积分管理理念，制定积分标准规范，将工商联参与政治协商，发挥民主监督作用，积极参政议政，参与政府相关经济活动等职能职责，重点、关键指标体系等考核指标自动即时转为分值，以积分的形式体现，按需实时积分排名，工作行为数字化，工作成果直观化，积分排名为决策带来量化参考，给人员工作带来激励作用。

二是执常委。各个工业联合会开设的实行联合会，在会员代表大会或会员大会散会后，作为各级工商业联合会的最大领导干部行政机关，执委常委作为重要组成人员，肩负着重要工作，企业家执常委如何履职尽责，是一个且思且行、共同期待的实践课题，工作成果如何体现，考核至关重要，一改传统考核方式，将执常委日常工作指标及职能职责，使用积分记录，自动实时统计，提升考核效果、效率。同时可以通过数据来激励执常委工作的积极性，增强执常委履职责任感和主动性，促进规范执常委活动行为。

三是商协会。作为专业的行业协会，商协会要做到引领、规范、发展，对引领企业发展发挥着重要作用，如何对众多商协会的工作质量、工作成果评价考核，各级工商联每年都会通过付费第三方，由第三方完成考核工作，耗费大量人力、物力、财力，而使用智慧考核，工商联的重要、关键工作指标数字化，智能自动实现积分转换，统计分析将成果直观化，各工商联工作成果一目了然，轻松完成商协会考核工作，从而鞭策各商协会更好地履行其职能职责。

四是非公有制企业。企业作为“云上贵商”服务平台的重要服务对象，如何更好地服务企业、吸引企业是贯穿整个平台建设的建设思想，在为企业提供法律服务、金融服务、供需交易等基础公共服务的同时，具体建立积分转换标准规范，以积分的方式呈现，企业提供完善的资料情况，即可获取更高的分值，根据分值情况，阶梯性地为企业提供更多特色、定制化、个性化服务，吸引企业入驻，而企业入驻将带动第三方服务商入驻，逐渐形成“云上贵州”自生长生态圈。

将智慧考核贯穿全平台，使用积分管理制理念，各级工商联组织按需制定积分转换标准规范，智能完成各级工商联自身、工商联对执常委、工商联对商协会，商协会自身，商协会对企业，“五好工商联，四好商协会”等的评定考核工作，相关考核数据自动生成，通过标准规范数据管理和分析，实现数据沉淀、自增长，逐步形成良性大数据生态系统，为全省各级工商联、商协会、企业决策提供量化参考。

第五节 本期项目设计方案

一 建设目标、规模与内容

（一）建设目标

完成工商联商协会会员管理服务系统、“云上党建”平台、宣传教育平台、综合服务平台、工商联办公信息化系统及智慧考核的建设工作，并在全省范围内推广使用。

（二）建设规模

平台建成后将覆盖全省各级工商联商会组织 2217 个，其中：行业商会 583 个、省内地域性商会 343 个、乡镇商会 914 个、街道商会 113 个、其他商会 175 个、海外某商会 62 个，涉及商会会员 22.5 万人。

（三）建设内容

1. 工商联商协会会员管理服务系统

实现基础数据收集录入，为功能板块提供数据支撑。将全省民营企业汇集到工商联商协会会员管理服务系统中，创新企业沟通及管理机制，组织会员单位加强合作、共同发展、实现共赢。

（1）省工商联本级数据：包含省工商联主席（会长）、副主席（副会长）、常委、执委、专门委员会成员等的个人可以公开的数据。

（2）市（州）、县工商联本级数据：包含市（州）、县工商联主席（会长）、副主席（副会长）、常委、执委、专门委员会成员等个人可以公开的数据。

（3）商（协）会数据：部分开放，分省、市（州）、县、乡镇四个层次。包含省内商会、省外商会、港澳台贵商组织、国外贵商组织基本情况（类别、组织构架、人员组成等）、成员信息、公检法、涉案情况、商协会活动开展情况、行业推荐表彰挂牌情况。

（4）会员（企业）数据：部分开放，分省、市（州）、县、乡镇四个层次。包含基本情况（性质、经营类别及范围、企业法人基本资料、组织构架及人员组成、经营情况等）、工商税务质检环保情况、公检法案件情况，自流程化对商会建设进行评价。

（5）商会管理系统：制定商会规范化、标准化建设体系，建立在线即时信息收集系统，自流程化对商会建设进行评价。

（6）县级工商联管理系统：制定县级工商联建设体系，建立在线即时信息收集系统，自流程化对工商联建设进行评价。

2. “云上党建”平台

宣传党的建设工作、政策咨询，对直属商协会、非公企业党组织党建工作指导调研，指导各级党组织标准化规范化建设工作。实现一云党情、一点抓学习、一评树先锋、一键聚活力和一考促业务，有效提升工商联党建工作水平。

（1）党建学习模块：包括两学一做、学习中心、考试中心、三会一课等内容。

主要功能介绍：①高效的组织三会一课：会议发布→会议通知→会议签到→会议纪要，一个应用轻松完成三会一课组织，会议学习。②党员的在线学习平台：将党员的教育融入日常，抓在经常。自主选择课程，实时记录学习进度；两学一做学习更方便：学习，宣传内容发布后可以在手机端随时随地进行查找。③强大的考试中心：去除传统模式，随时开展评测，随机组卷，安排人员参加考试，给组织提供全新的考试评测模式。

（2）党建宣传模块：包括党员加油站、党建宣传、廉政监督、党员社区、个人风采、通知公告、基层风采、党务公开栏等内容。

主要功能介绍：①通知公告消息必达：支持指定范围发送通知公告，公告内容支持上传附件；②网上的专属党务公开栏：让党组织及时了解党组织的工作状态，完善党内监督检查评价机制。实现党内各项工作的公开、透明，做到“权力在阳光下运行”。

（3）党建活动模块：党群活动、党费缴纳、民意调查、主题党日等内容。

主要功能介绍：①全面的主题党日活动管理：活动发布→活动通知→二维码签到→活动简报发布，实现主题党日活动全流程管理；②高效的活动管理：党内活动的发布和报名平台，实时统计报名数据，高效省时；③更快捷的党费收缴：支持党费自动计算，支付宝缴纳党费，并提供强大的报表分析。

（4）党建管理模块：党员发展、任务指令、责任清单、党务监督、政治生日、风险防控、状态图表、积分排行、党员档案、谈心谈话、书记信箱等内容。

主要功能介绍：①谈心谈话形式更丰富：可进行组织内谈心谈话发起和记录，谈话内容使用个人密码保护，并支持录音和电子签名功能。②更轻松的社区交流：随时随地分享新鲜事，为党员提供一个互动交流平台。支持话题分类，查找更方便，可以互相评论点赞。③贴心的入党周年祝福：入党周年个性化祝福推送，祝福模板自由选择。④家庭走访形式更灵活：记录形式更灵活，支持文字和语音记录；可设置自定义提醒，便于领导安排走访和慰问活动。⑤更高效的工作任务管理：实时监控任务进度，可查看每一个执行人的操作流程。可多人同时执行，支持上传图文、语音、附件，多种格式满足不同客户的不同需求；关联三会一课、学习、工作会议等；成员已完成的任务的总评分进行排名，激励成员更加认真负责地完成组织布置的任务。⑥更方便的工作会议安排：工作会议模块，支持自定义会议类型和组织会议，支持会议和相关任务关联，支持会议记录，支持上传图文、视频、语音、附件；把工作开展情况落到实处。

（5）党建大数据模块：先锋指数、堡垒指数、积分体系、成长轨迹等内容。

主要功能介绍：①更方便的党员考评管理：党员考评管理，助力党组织搭建可量化、多维度的党员考评体系，高效实现党员考核与评定，减轻组织负担；实现在线党员/党组织的自评、互评、综合评定等程序，助力党组织战斗堡垒作用和党员先锋模范作用的有效发挥；②更全面的积分体系：可从党费缴纳、参与组织活动、学习课程等多角度设定奖励积分，支持个人和组织排名，促进党员和党组织创先争优。

3. 宣传教育平台

实现工商联宣教工作触手的全面延伸，促进媒体融合、智能传播，具备一定的舆情收集、舆情引导、宣传教育能力。

（1）教育活动模块：包含教育计划、教育内容、教育对象、教育方法、教育手段、教育材料等内容。实现在线编辑教育计划、教育内容，并一键发布给教育对象等功能。

（2）学习考评模块：包含学习训练、日常考评、定期测评等内容。为使用者提供便捷的学习、考评、测试服务，记录学习时间、学习内容等，运用大数据手段，为使用者精准推送感兴趣内容。

（3）新媒体：建设以工商联大数据支撑体系下的媒体形态，如数字杂志、数字报纸、数字广播、手机短信、手机 App、移动电视、网络、数字电视等，实现信息即时报送。

4. 综合服务平台

对民营经济发展所需的政务服务进行调研研究，按服务类别、性质、需求接入政府服务中心及各业务部门政务平台。

对民营经济发展所需的政务服务进行调研研究，按服务类别、性质、需求接入政府服务中心及各业务部门政务平台。

（1）法规政策模块：包含与民营经济挂钩的政策法规文件、政策法规解读、咨询解答等内容。为全省各级工商联、商协会及企业推送最新优惠政策，解决“卷帘门”“玻璃门”“旋转门”等问题。

（2）政务服务模块：包含市场监督、工信、税务、安全、卫生、环保、医保等政务办理。提供市场监督、工商、税务及医疗等事项办理入口，为民营企业打造一个便捷的政务办理平台。

（3）法律服务模块：包含公安、纪检、监察、法院、检察院等涉案情况咨询及办理，法律咨询等内容。主动适应和积极引领经济发展新常态，有利促进非公有制经济健康发展和非公有制经济人事健康成长，进一步实现法律服务工作能力和水平双提升。整合司法行政部门资源，为民营企业提供在线商务纠纷调解、人力资源纠纷调解通道。

（4）金融服务模块：包含融资投资、信贷结算、金融超市、商业保险、财务战略联盟及金融信息咨询等内容，为企业提供多样化金融服务，着力整合非公企业资源，形成财务战略联盟，促进非公企业间资源共享、优势互补，解决企业“融资难、融资贵、用工难、准入难、盈利难、审批难”等问题。

（5）商会服务模块：商会作为服务会员企业经济组织，其力量相对单薄，商会服务模块为商会提供更多优惠政策、管理权限及资金扶持等，加大对协会组织的政策扶持力度，为会员企业提供更加便捷的交流渠道，提高协会服务能力和凝聚力，团结会员企业，实现合作共赢。

（6）办理查询模块：针对服务需求，查询业务办理进度。

（7）营商环境评价模块：每年邀请部分辖区内民营企业家对本辖区营商环境进行评价，形成全省营商环境排名，促进省内各地不断优化营商环境，为民营企业松绑，从根本上解决企业招人难、留人难等问题。

5. 工商联办公信息化系统

实现省、市（州）、县三级工商联与全国工商联信息化办公系统数据互联互通。

（1）文电收发模块：即时接收发送全国、省、市（州）、县四级工商联报送文件。同时，按照文件的月至范围，及时推送给企业家副主席、副会长知晓。

（2）文电分类处理模块：对文电按责任分工进行分拣报送，线上处理各类文电。

（3）电子签批模块：直接在电子文稿上进行签批，自动记录使用人姓名、使用时间、使用次数，信息自动生成签章日志。承办人及经办人可以随时查询签批日志，以便监督掌握文电办理情况，科学管理。

（4）远程会议模块：利用 PC 或移动端，实时将语音和视频图像远程交互共享，构建企业家副主席、副会长与省工商联机关的视频会议平台。

（5）信息收集报送发布模块：即时向全国、省、市（州）、县四级工商联、各商协会、执常委企业及会员报送信息，具备信息报送的统计、分析等功能。

6. 智慧考核

包括积分转换标准规范，积分管理、统计、分析、维护，积分实时排名等功能，使用积分制管理理念，将各工商联组织、企业相关职能职责、工作考核标准，通过积分转换标准规范设置，自动转为对应积分，并实现对各组织、部门、企业等的实时分值统计，用数据反馈工作完成情况，为各工商联、执常委、商协会、企业的考核提供量化参考，实现考核智能化。

二 标准规范建设内容

（一）标准规范体系形成

在“云上贵商”建设中建立标准规范体系，主要目的是避免信息孤岛，保证平台逻辑上的整体性。

根据“云上贵商”标准规范体系，包括基础数据标准和长效的数据采集、管理、维护、开放、共享机制，信息共享交换标准、网络安全标准、运维保障规范的标准规范。同时，依据电子政务标准主要包括总体、应用、应用支撑、信息安全、网络与管理、业务及管理规范六个方面的标准。其中总体标准、网络基础设施标准、信息安全标准属于通用技术标准，基本齐备，目标督查督办项目可以选择采用。应用支撑标准属于“云上贵州”平台建设需要的标准。

“云上贵商”目前需要建设的主要是应用、业务及管理规范两个方面的标准。

（1）应用标准：包括信息的分类和编码标准、信息采集标准、信息存储标准、信息处理过程标准等。

（2）业务及管理规范：包括数据交换机制、数据共享机制、项目建设管理规范、系统运行维护管理规范等。

（二）标准规范建设思路

标准规范的建设是个复杂的过程，是本项目实施的重要任务之一。为了保证项目建设在全省范围内规范、有序进行，标准规范必须及时起到指导作用。而标准规范的制定和标准体系的建立本身是个严谨细致的过程，应当本着“急用先行”的原则，按照建设内容的内在规律和建设过程的逻辑顺序，科学安排、有序展开标准规范的编制和标准体系的建设工作，使各个阶段各项内容的设计和实施做到“用前有标准”。

（三）标准规范的建设内容

具体建设内容包括：

（1）收集整理与“云上贵商”服务平台建设密切相关的技术标准，全面分析这些标准是否满足系统建设的需要，提出现有标准存在的问题。

（2）依据“云上贵商”标准规范体系，设计“云上贵商”服务平台标准体系框架，理清标准体系内各组成部分之间的关系，以及该标准体系与外部各有关方面的关系。

（3）确定“云上贵商”服务平台建设应采用的现有相关标准。

（4）组织自建标准的编制。

三 数据处理和存储系统设计

（一）数据抽取

本项目涉及已有数据库数据抽取，涉及的数据抽取资源主要来源于省电子政务网机构人员数据库，包括单位、部门、人员、岗位及职务的数据，通过机构管控平台的标准接口，同步单位、部门、人员、岗位及职务数据到平台基础数据库。通过配置单位最后同步时间、部门最后同步时间、人员最后同步时间、岗位最后同步时间、职务最后同步时间实现数据的同步。

（二）数据校验

对采集到机构人员数据库的数据进行数据合法性校验，数据是否符合格式要求，系统需要支持的基本校验规能够按照需要进行相应的配置。

（三）数据转换

对采集的数据进行处理转换，以满足基础库对数据格式的要求。

（四）数据共享

提供各业务系统接入的接口，实现数据共享，以统一的接口规范实现数据转换、发送、校验和审核，同时支持数据同步。

（五）数据存储

根据贵州省大数据产业发展相关政策法规和标准规范，数据存储选择存储于“云上贵州”云平台，分为结构化数据和非结构化数据，由于数据量不大，可直接使用一期项目采购的资源。

四 终端系统及接口设计

（一）PC 端接入

目前，省工商联办公环境中已接入电子政务外网，部分办公室已有电子政务外网接口，这部分直接接入；还有部分办公室没有电子政务外网接口，这部分通过互联网终端使用贵州省信息中心建设提供的“贵州省电子政务外网虚拟桌面平台”接入电子政务外网，费用由贵州省信息中心按终端数量以年租用模式收取。

（二）移动终端接入

手机端用户统一通过贵州省信息中心建设提供的“贵州省政务外网移动安全平台”，使用 VPN 通道安全接入电子政务外网。费用由贵州省信息中心按终端数量以年租用模式收取。

五　网络系统设计

“云上贵商”服务平台需要为多角色提供服务，结合服务角色的实际工作，需要部署在不同网络上。其中：工商联办公部分部署在电子政务外网，企业服务平台部署在互联网。两网数据安全交互严格依照《国家电子政务外网网络与信息安全管理暂行办法》，国家政务外网与互联网实行逻辑隔离。本项目平台网络系统设计中，电子政务外网与互联网之间通过采用逻辑隔离、实名认证、分级分权等办法实现政务外网与互联网的安全互联。

六　安全系统设计

（一）信息系统安全等级定级

根据本项目定位及《信息安全技术信息系统安全等级保护定级指南》（GB/T 22240—2008）相关指标要求，系统安全等级是第三级，即信息系统遭到破坏会给社会秩序和公共利益甚至对国家安全造成损害。

（二）信息系统安全需求及风险分析

本项目的安全需求包括网络的边界安全需求、平台系统安全需求和各业务系统调用平台相关服务的接口安全需求。边界安全主要是防止网络对电子政务外网的 DDoS 攻击、恶意攻击、恶意入侵等安全危险的需求；系统安全需求体现在统一身份认证、安全审计（日志审计、网络安全审计、系统安全审计和敏感数据审计）、数据库漏洞扫描及杀毒等方面的安全需求；接口安全需求主要体现在业务系统调用平台过程中的安全、可靠地实现连接。

信息系统的内部和外部都有不同程度的风险，任何风险都有可能给信息系统带来伤害。风险分析提供的风险量是决定风险自留还是风险转移决策的信息来源。

信息系统常见的安全风险有：

（1）意外的安全威胁：包括自然灾害和人为灾害。

（2）政务网与互联网互联安全威胁：网络的跨域、跨安全等级安全互联存在一定风险，需运用有效的技术手段（网关、VPN 技术、配备防火墙级建立安全防范体系等）对内部用户行为进行检查和对交互数据进行过滤，防止敏感信息外泄。

（3）固有的安全威胁：在设计、制造和组装中，由于人为和自然的原因，信息系统多组件很有可能留下安全隐患：

①硬件因素，一般采取管理上的强化来降低这方面的影响。②软件因素的影响主要有两个主要方面，有来自系统或用户的，也有来自软件本身或软件误操作的。③网络因素，网络本身就是一种虚拟的网络现实。

（4）恶意的安全威胁：主要是居心叵测的人利用数据在介质上存储和传播的机会进行窃取和破坏，最为普遍的一种信息系统风险主要具有冒充、重放、篡改、非授权接入、拒绝服务、抵赖、传播病毒等几种表现形式。

（5）管理的安全威胁：作为管理者，需要做到提高计算机信息安全意识、掌握先进的技术手段、遵守法规、培养规范的操作方法来防范管理安全威胁。

（三）信息系统安全技术措施

信息系统安全技术措施主要包括：物理安全、跨政务网络与互联网的安全互联、应用安全和数据安全。

（四）信息系统安全管理

为了使信息系统计算机硬件、软件和数据不会因为恶意或者突发的原因而遭到破坏和泄漏，从而确保系统正常运行所采取的措施。信息系统的安全方案是指为了发布、管理和保护敏感信息资源所制定的一级法律、法规和措施的总和，主要描述了对信息资源使用和管理规则。

1. 信息系统安全管理策略

信息安全策略是信息安全的整体强制指导原则，其内容包括信息安全的重要程度、作用范围、风险控制、安全措施、业务冲突时的导向性、信息安全依据和标准。需要注意的是信息安全标准没有形成统一的共识，合理遵守可以促进信息安全管理水平得以提高，符合机构要求信息系统应用高效、可信，全方位提升机构的整体实力。

2. 信息系统安全管理措施

信息安全管理措施是指导和控制机构关于信息安全风险的相互协调

的活动，包括制定信息安全管理制度、进行风险评估、确定控制目标、选择控制方式、实施风险控制、获得安全保证等。信息系统安全管理本质上是进行风险管理，主要是识别和评估风险。信息系统安全管理遵循以下原则：

（1）以信息安全策略为指导和支持。

（2）以风险评估为基础选择控制目标和控制方式。

（3）考虑控制费用与风险平衡，将风险控制到机构可以接受的水平。

（4）坚持以预防为主的指导思想。

（5）坚持业务持续性原则，从故障和灾难中恢复业务运作，最大限度减少对关键业务的影响。

（6）坚持动态管理原则，对风险实施动态管理。

（7）动员全员参与。

（8）遵循管理的循环持续改进模式——策划、执行、检查、行动。

在信息安全策略的指导下，编制具体管理措施，主要包括安全组织机构建立、风险评估与信息分级、人员安全管理、安全审计管理、安全事件管理等。

（五）信息安全建设内容及方案

本期项目部署于“云上贵州”平台，项目涉及物理安全、网络安全、主机安全、数据备份、数据容灾、基础支撑安全由“云上贵州”负责，应用安全及数据完整性、数据保密性等内容由本期项目负责，根据《信息安全技术信息系统安全等级保护定级指南》（GB/T 22240—2008）相关指标要求进行信息安全建设，具体内容如下：

1. 身份鉴别

（1）设置登录控制模块识别和鉴别对登录用户的身份。

（2）运用用户名密码和短信验证这两种或两种以上结合的鉴别手段对同一用户进行身份鉴别。

（3）设置身份标识唯一和信息复杂度检查的功能，每个用户都有唯一的登录名和相应的 GUID，这就使应用系统中不会有重复的用户身份标识，确保了身份鉴别信息难以冒用。

（4）设置登录失败处理功能，通过结束会话、自动退出等各种举措，锁定多次登录失败的用户，锁定的时间待定或由管理员解锁。

（5）提供身份识别、用户身份鉴别信息复杂度检查、密码强度配置功能和密码繁杂度检查等功能，然后按照安全策略匹配相关系数。

2. 访问控制

（1）设定访问控制功能，按照安全设置控制客户对文档和数据库表等各个载体访问的权限。

（2）访问控制的覆盖主要包括与资源访问相关的主体、客体以及各主体之间的实际操作。

（3）由权力授予的主体制定访问控制对策，同时设置默认账号的访问限制。

（4）为确保不同账户可以完成各自的任务，给不同的账户赋予最小的权限，并形成彼此牵制的关系。

（5）设置对关键信息进行敏感标识的功能，表现为委员库和机构库需要出示领导干部标志。

（6）对敏感信息的隐私进行规定，按照安全设置严格把控客户使用标有敏感标识的关键信息，从而确保数据更加安全。

3. 安全审计

（1）使安全审计功能运用每一个用户，全面记录所有用户操作记录，并对重要事件进行记录，保证对软件系统关键安全事件进行审计的功能。

（2）确保没法独立中断审计过程，删不掉、改动或遮盖审计记录，日志记录、日志不可以被删掉和改动。

（3）事情的日期、时间、人员信息、种类、叙述和结果等要在审计记录的内容中体现。

（4）实现审计记录数据的统计分析、查找、转化为审计表格的功能。

4. 通信保密性

（1）应用系统在通信彼此创建连接以前，就利用密码技术性开展会话最初认证。

（2）对通信全过程中的所有资源共享或会话的全过程实现加密。

5. 抗抵赖

（1）具备在出现请求的状况下给数据信息原发性者或接收者提供

数据原发证明的功能，本期项目中的新建应用将有明确的日志记录数据收发操作，作为记录证据。

（2）具备在出现请求的状况下给数据信息原发性者或接收者提供数据接收证明的功能。

6. 软件容错

（1）实现有效检测数据的功能，使人机接口输入或通过通信接口输入的数据类型或其长短合乎系统符合要求。

（2）保证自动保障功能，对于涵盖文本文档输入的应用给予草稿保护功能，当故障产生时自动维护现在的全部状态，确保系统可以进行修复。

7. 资源控制

（1）在会话时，当通信两方中在规定的时间内没有进行任何的回应，那么另一方可以自行结束会话。

（2）达到系统的最大并发对话连接数时开启限制的功能。

（3）实现限制单独账号的多次并发对话的功能。

（4）限制对同一时间范围内可能发生的并发对话连接数开启的功能。

（5）实现对同一账号或同一请求过程所有的资源配置最大限额和最小限额的功能。

（6）实现系统检测并预警服务质量减少到事前规定的最小值的功能。

达到服务优先级规定的功能，也在安装后通过安全策略设定访问账户或请求进程的优先级，根据优先级来进行系统资源的分配。

七　备份系统设计

（1）“云上贵州”备份机制：根据业务系统数据产生频次，制定备份规则，利用“云上贵州”自动备份机制进行数据备份，备份项目包括：①系统部署文件及配置文件备份；②数据库内容备份；③定期文件备份。

（2）系统数据导出功能备份：系统中提供数据导出功能，可进行业务数据导出备份。

八 系统配置及软硬件选型原则

（一）选型依据

根据贵州省大数据产业发展相关规范和大数据战略行动相关标准，选择“云上贵州”云平台硬件和软件租用服务。

（二）性能设计

根据本期项目系统性能需求分析，针对系统的性能做以下优化设计。

系统中每个功能模块都采用集群化部署，保障系统访问响应，同时可按需扩展保障性能。

对页面数据进行高速缓存设计，制定合理的缓存规则，以解决频繁访问带来的数据库压力“瓶颈”。

基于H5技术采用前后端分离式设计，减少用户等待时间，提升用户前端操作体验。

（三）信息量依据

根据本书第四章需求分析中，业务量、信息量分析与预测部分的分析结果，本期项目共需租用“云上贵州”计算资源16核，内存32GB，存储空间预计约10GB，所有资源可按需增长。

九 系统软硬件配置清单

为了实现USB Key身份认证，需要采购省信息中心电子政务外网身份认证证书（见表5－1）。

表5－1 硬件设备表

序号	名称	性能参数	备注
	电子政务外网 USB Key证书	工作电压：5V（USB口供电） 工作电流：80—150mA 工作温度：0—70摄氏度 存储温度：－20—85摄氏度 外壳：ABS 通信协议：USB Mass Storage 接口类型：USB 2.0 处理器：32位智能卡芯片 存储空间：16—64K	

十　环保、消防、职业安全卫生和节能措施的设计

（一）环境影响分析

该项目的建设任务属于无污染工程，设备的电磁辐射值符合国家的相关规定。系统建设和运行中没有无序排放有毒、有害废水和气体。系统的建设都根据国家发布的环境保护法和要求文明施工，放在室外的风机可以高效降低室外噪声。

（二）环保措施及方案

本项目属于无污染工程，建设运行过程中不产生有害废气、废水、废渣等物质，不会污染环境。

为贯彻《中华人民共和国环境保护法》，严格控制环境污染，保护环境和生态平衡，在项目建设中将采用以下措施：

（1）本项目服务器设备可能会有少量微波辐射，但选用合格产品，完全可控制在安全范围之内。

（2）本项目产生废渣主要是外购件的包装和生活垃圾等，大多可回收，不会造成伤害。

（3）选用低噪声设备并采取消声措施。

我国把发展能源、节约能源放在特别关键的位置，同时，国民经济的基础也是能源，为了贯彻《中华人民共和国节约能源法》，本项目在节能这一层面拟采取如下措施：

（1）选用国家规定的节能产品。

（2）增强节能管理工作，进行科学管理和经济考核等措施的实施，按时对设备、管线进行检修，以减少能源的浪费。

（3）机房内的计算机设备、网络设备和存储等设备选用国内外先进的设备和软件，采用符合国家标准的高效节能设备。

（4）空调、电源等常用设备安装自动监控系统，依据要求自动调节，以节约能源。

（5）通过上述各方面的节能措施，该项目达到节能减排目标。

（三）消防措施

消防系统使用的是单独的自动报警装置和自动灭火消防系统，要严格按照国家标准和消防部门的有关要求，如《火灾自动报警系统设计规范》（GB 50116—1998）、《二氧化碳灭火系统设计规范》（GB 50193—

1993）（1999）、《火灾自动报警系统施工及验收规范》（GB 50166—1992）、《灭火系统施工及验收规范》（GE 50263—1997）等进行设计、施工。

（1）物流人口、建筑物人流，防火分区的设置要按照消防要求，以及室外管线、建筑物之间距离、周围道路都要满足消防要求。

（2）建筑物内安装消火栓系统，消防水量合乎要求。

（3）空调风管和冷水管道的保温选用难燃或不燃的材料。如果要通过空调机房墙，则在送风管处设置防火阀。防火阀和系统的送风机相连，防火阀关闭之后风机电源就会自动切断。

（4）机房要设置火灾自动报警系统。

（5）机房建筑物内标明应急照明和疏散标志。

（四）职业安全和卫生措施

（1）留足空间和间距确保人流、物流可以畅通地疏散。

（2）安装空调设施，提高工作条件和环境。

（3）严格按照相关要求进行装修设计，确保所有电器设备得到保护，避免触电事故的发生。

（4）用电设备的金属外壳、操作箱（盘）、保护钢管和接线盒等都和保护线（PE 线）进行连接，用来保障安全，还要设置防静电的地面、防静电接地和工作接地。

（5）要设置更衣室、换鞋室等，用来确保环境的干净清洁以及网络运行环境的文明，保证信息设备安全可靠。

（6）设备的安装区域内设有火灾自动报警系统、电视监控系统和门禁系统。

（7）可以实施安全疏散。

第六节　人员配置与培训

一　项目培训目标

本项目实施过程是一个“实施顾问→用户”的知识转移过程，在项目过程中采取多种形式，培训平台管理人员及用户熟练掌握平台相关功能及使用流程等。项目实施的过程，针对具体用户不断进行培训的知识转移的过程。

二　项目培训对象

各单位各业务系统需要使用系统的管理人员及用户。培训对象可分为中高层领导、一般工作人员、系统管理员、部门系统管理员、协会负责人、协会会员等，并根据情况分别进行培训。

三　项目培训方式

培训方式采用需求、实施、培训同步推进，待工作人员都能熟练操作后进行统一演练、试运行的方式。

具体培训中可采用集中培训、关键用户培训、操作手册、现场辅导等方式交叉进行的策略。

第七节　风险及效益分析

一　风险分析和风险管理

（一）风险识别和分析

贵州省“云上贵商”服务平台的建设受到来自各方领导高度重视，还在组织、人员、资金等各方面给予了充足的保障。然而，与一般的信息化建设相类似，为规避工程实施遭到其他条件的影响，增强其预见性，评估项目实施中可能发生的各类风险，并提出具有针对性的应急预案。

在项目实施的过程中存在很多潜在风险，例如，技术风险、业务风险、管理风险和安全风险等。

1. 技术风险

技术风险主要包括：技术目标过高，技术标准不统一，高新技术或非常规办法应用存在潜在问题等。集中体现在以下几个方面：业务系统的多样性，导致系统接口复杂；负载估计粗略，导致数据传输遭遇“瓶颈”。

2. 安全风险

数量巨大的数据集中到贵州省“云上贵商”服务平台后，安全问题就显得尤为重要，安全管理做不到位就会造成数据的滥用，个人隐私泄露等。

3. 数据质量风险

数据的质量来源于数据的权威性、相同性和整体性。数据的分散和更新都可能会造成数据不一致，从而影响数据统计、决策预警的权威性。

4. 组织风险

组织风险的关键在于组织成员的目标并不明确，领导没有高度重视项目的重要性，参与的员工初始储备不够丰富、欠缺团队合作精神等原因使建设队伍力量薄弱、建设资金不足，与其他项目存在资源冲突等。

5. 管理风险

管理风险主要包括：项目管理的基本原则应用不足，计划潦草低质，实际进度和资源配置不配套等。建设期内体现在关联项目多，管理难度大。

6. 业务风险

业务风险主要包括：业务流程的改变和职能单位的调整等。根据业务的不同产生不同的信息共享需求，这在一定程度上存在需求变更和需求膨胀的风险。

（二）风险对策和管理

对贵州省“云上贵商”服务平台项目的建设采用有效的风险管理，降低各类风险的不良影响，保证实现工程建设目标，确保工程得以完成。

此项目的风险防范侧重于五个方面。

1. 技术风险防范对策

根据接口标准规范按标准接口要求改善现有系统，实现与本项目新建系统接口的需要。

由于接口复杂多样，主要使用两个措施进行风险规避。首先，按照既定标准统一建设贵州省工商联“云上工商联”接口系统；其次，降低系统耦合度，运用数据级的整合方式实现松散耦合。

针对负载预计不准确形成的性能“瓶颈”，采用负载均衡技术时增加 CPU、内存来扩大服务器处理能力。

2. 安全风险防范对策

数据集中到贵州省“云上贵商”服务平台后，数据安全就显得尤为重要。如果安全管理拖后腿，就很有可能造成数据的滥用，个人隐私的泄漏等。

安全隐患要从两方面去跟进：法规、技术。首先，在法规上，制订数据管理办法，在数据共享的同时确保数据合法使用和数据管理安全。其次，在技术上搭建安全保障体系，从物理层、网络层、系统层、应用层、数据层等不同层面进行安全防护。

3. 数据质量风险防范对策

数据的质量取决于数据的权威性、统一性和整体性。数据分散或更新慢都会导致数据的不同，从而影响数据统计决策预警结果的权威性。

可以通过数据清洗、比对和冲突处理等手段使数据更为精确，解决数据质量问题。连接数据中心的业务部门越多，数据更新越及时，数据的质量才可以从本质上提高。

4. 组织风险防范对策

贵州省工商联现有的行政组织架构可以支撑该项目的项目管理，并为项目建设专门成立的领导小组，有效保障了项目的完成。现存的业务、技术力量也可以承担此项目建设的任务，信息技术专家组成的专家组可以提供相关问题的指导和咨询服务。

5. 管理风险防范对策

制订完善的项目实施规划并严格执行，利用先进的管理工具和方法提高项目实施进度，提升跟踪水平，从而提高工程管理的效率。通过借鉴行业先进经验合理预估项目的实际工作量，确定项目的关系和先后顺序，细分项目工作任务，使每一里程碑阶段都有工作量估算、时间进度以及可操作、可管理和可检查的交付物。

二　效益分析

（一）社会效益评估

贵州省工商联实施“云上贵商”项目，依托大数据产业优势，实现网上办公、网上审批、在线交互、企业评估、辅助决策等功能。对于以前的方式，对工作人员和用户都提供了简便的办事流程，极大地缩短了办事所需周期。促进了工商联的政务基础建设。

另外，实施“云上贵商”项目，确立用数据说话、用数据决策、用数据管理、用数据创新的管理创新机制，进一步增进职能部门的工作透明度，推动管理型政府向透明高效廉洁的服务型、责任型政府转变，进一步提高政府行政效能。

（二）经济效益评估

贵州省工商业联合会通过实施“云上贵商”项目，充分运用整合线路、备份设施等信息化资源，大大节省了基础设施建设投资和运维投资，有效地提升工商联教育引导能力、服务发展能力、运行监测预警能力、辅助决策能力、业务处理能力以及基础信息技术支撑能力等各方面能力，全面改善工商联工作，增强团结联系的紧密性、支持服务的有效性、教育引导的针对性、扩大工作覆盖面，提高服务两个健康的能力，建设节约政府。

第六章

贵州省营商环境大数据评估监测平台

第一节 项目建设的必要性

一 项目提出的背景

营商环境是一个涉及经济社会发展和对外开放的复杂生态系统，是一个国家或地区综合竞争力的重要体现，对营商环境建设和评估研究越来越受到各界的高度重视。全面、客观、动态地评估营商环境，是建立科学的绩效评价体系，推动地方政府进行营商环境改革的重要抓手，也能为企业的投资决策提供参考。对于营商环境的评价不能完全照搬国外的评价标准，需要结合中国的实际，构建中国符合实际经济发展阶段的营商环境评价体系和评价方法。

开展营商环境评价，将营商环境改革推向纵深。经济高质量发展需要充分激发各类市场主体的活力。对内优化营商环境就是解放和发展生产力。当前中国正处于新旧动能转换的关键期，新经济是未来推动经济增长的新引擎。激发新经济的活力，不能再单纯依赖“三通一平”的硬环境，必须有新思路、新办法，依靠市场化、法治化、国际化的营商环境，在人才环境、技术创新环境、市场文化环境等软环境方面实现新的突破，为新供给、新动能的壮大与时俱进地创造综合的营商环境。另外，优化营商环境就是增强国际竞争力。中国一直以来致力于加大开放力度，且逐渐从供应链领域的融合过渡至更深层次的制度。优化国际化营商环境是扩大对外开放基础，营造稳定透明的营商环境可以强有力地吸引外资来华投资。

进行客观公平的营商环境评价，是建设和优化营商环境的基础。对于企业来说，营商环境评价是投资决策的重要参考。国内外企业在选择投资地时常常因为实际决策受经验、特殊事件或片面报道的影响，没有对某地区营商环境做出合理评估，从而导致决策失误。全面、准确地了解地区优化营商环境的实际工作，可以便于企业投资选择时回归理性。

对于政府来说，城市竞争力的重要因素之一就是营商环境。提升和改善营商环境也是地方政府的政绩指标之一，既可以推动地方经济高质量发展，又是不过分干预市场的最好切入点。营商环境评价的主要目的不仅仅是简单的排名结果。以评促建，使各地形成优化营商环境的良性竞争，推动营商环境改革纵深发展。

二 现有信息系统和应用状况

目前，贵州省营商环境评估工作主要通过“纸质问卷填报 + 人工计算指标分值”的方式进行，评估方需提前数天通知所有地州市以及区县责任单位，当地政府单位报送评估样本企业，由工作人员亲自前往全省 9 个地州市和贵安新区、全省 88 个县组织当地所有需要被评估的政府单位及样本企业进行纸质问卷的填报。问卷填报完成后，工作人员需对大批量的纸质问卷进行审查评估，根据填报内容计算指标分值。因此，目前贵州省营商环境评估工作具有耗时长、工作量大、成本高、准确性低等缺点。同时，由于所有数据均以纸质文档的形式存储，文件丢失风险大，文件管理难度高，且无法使用高新技术手段来统计分析，为全省提高营商环境提供决策参考。

三 项目建设的目标和内容

建设一套营商环境评价体系的支撑系统，兼容和支撑国家关于营商环境指标评价体系，支持本地特色指标数据采样和评价。具备大数据分析能力、指标评价能力、具有移动化、大屏幕输出等多样化的展示模式，实现营商环境指标的对外宣传；建立常态化的营商环境评估机制，并通过评估，倒逼业务改革、提升营商环境便利化程度。

数据采集系统为整个营商环境平台的上层应用和功能提供数据基础，通过政务数据共享、营商环境评估、网络舆情监测、企业问题反馈、人工填报上传、信息渠道整合“六大手段”，解决数据来源问题，依托大数据、人工智能等高新技术手段，对数据进行清洗转换、深度挖掘分析，实现营商环境全流程状态的全面监测。

（一）政企沟通数据采集

建设移动端企业服务平台，结合现代化计算机、通信控制与信息综合决策等技术，集计算机网络、计算机辅助决策、数据库管理于一体，使企业在事项办理过程中实时投诉建议、政策咨询，并实现及时的反馈、调度、转办、监督、统计等功能。及时关注、主动回应企业诉求。畅通群众诉求和权益保护的反映渠道，搭建政企沟通制度化平台。实现“一口发布、一口咨询”，全面落实“服务绩效由企业和群众来评判”工作要求，将群众对政务服务的满意度作为评估当地营商环境的重要指标，强化政府与企业家常态化、标准化的沟通机制。

同时，平台以“惠企政策全面查、精准送”为核心，汇聚贵州省全量政策。提供政策“发布、汇聚、查看、推送”全套解决。实现省内企业用户随时随地可查询政策条例，帮助企业正确的申报。同时系统将引用大数据、人工智能等技术，通过对政策进行标准化、结构化和标签化处理，实现惠企政策的精准推送，让群众与企业真正“知政策、懂政策、享政策”，依托政策红利更好发展。

（一）营商环境评估

建设开发的“贵州省大数据营商环境评估系统”，实现自动化、智能化、数字化的营商环境评估及大数据监控分析系统，建立常态化的营商环境评估机制，并通过评估，倒逼业务改革、提升营商环境便利化度。通过系统对评估样本进行筛选、分类、抽样，线上定制问卷、发放问卷、管理问卷，向政府部门和企业提供 PC 端或移动端的线上问卷填报渠道，并完成最后的智能评估、数据统计、分析。将营商环境从原先的线下改为线上，降低大量的人力、物力消耗，节约大量时间。

（三）网络舆情监测

全面监测贵州省内各新闻主流媒体、社交平台、论坛、新媒体 App 等网络平台，通过关键词抽取，监测分析全省各市（州）、县（市、区）企业或群众对当地营商环境的真实想法、诉求、痛点等，并实现关键词实时预警，为政府优化营商环境提供决策依据。

1. 政务数据共享

拟定营商环境大数据监测的数据标准，同大数据管理部门及各省直部门协商，在贵州省共享交换平台上建立“营商环境监测政务数据集”，获取各市（州）、县（市、区）的营商环境指标实时业务数据，经过清洗转换用于深度挖掘和分析。

2. 人工填报上传

与贵州省各市（州）、县（市、区）当地媒体合作，设立数据采集站，任命营商环境义务监督员，及时地将当地营商环境相关数据及情况通过移动端 App 上传反馈至总平台。此外，为丰富营商环境数据采集，每季度将由一支专业的营商环境考察评估小组深入各县，进行营商环境实地考察，并及时将采集的相关信息通过移动端 App 上传。

3. 信息渠道整合

同贵州省工信局、政务服务中心等相关部门协商，整合“服务民营企业省长直通车”“12345 政务热线”等现有企业群众投诉渠道，采集获取过去全省企业对营商环境的反馈与诉求。

4. 分析监测系统

对采集而来的营商环境数据、企业反馈数据、舆情数据等进行清洗转换，深度挖掘和分析，以直观的形式展现在数据大屏上，实现营商环境大数据监测分析。

（1）企业反馈分析。采集整合政企沟通以及民营企业直通车、省长热线、12345 城市服务热线等信息来源渠道所获得的企业反馈数据，对企业的投诉、举报、咨询、建议进行分类汇总和精准分析。根据企业反馈问题的内容将问题分为法治环境、社会环境、市场环境、政务环境、生产（要素）环境、人才环境以及投资环境七大类，并对每一类的问题的反馈地区（市州、区县）、问题数量、当地责任单位受理及时程度、企业用户满意程度等进行直观呈现。

（2）营商环境监测。采集整合年度营商环境线上评估以及季度营商环境实地考察所采集的数据，实时掌握贵州省内各市（州）、县（市、区）排名情况和指标情况。同时，通过贵州省共享交换平台建立“营商环境监测政务数据集”，以政务数据共享的形式向各营商环境指标牵头部门获取各市（州）、县（市、区）的营商环境指标实时业务数据，例如获得用水、获得用电、办理建筑许可等指标的时间、成本、环节，经过清洗转换用于深度挖掘和分析，实现营商环境实时监测。

（3）舆情监测预警。营商环境舆情监测处理系统依托云计算平台和2000台云采集服务器，能7×24小时全面地采集国内新闻网站、移动新闻客户端、论坛、微博、贴吧中的静动态网页、图片、文档、视频相关等各类信息，3分钟轮询一次，每天采集的数据在6000万次以上。依托自主研发、联合开发的多套舆情监测系统，向省业主方提供舆情定制化服务，包括有关的数据采集处理、舆情监测预警等，全面深度地了解全省各地企业对当地营商环境的看法与诉求，为优化营商环境提供决策依据。

（4）督办调度系统。督办调度模块，是政府充分运用信息化技术，深化对督查督办工作认识，创新督查督办机制，加大督查督办力度，推动工作任务有效执行，确保营商环境政策推广不变形、落实不打折的重要手段。基于营商环境评估结果，对营商环境的提升改善提出解决方案，并梳理形成标准化的工作任务清单，通过智能督查模块，督查部门可完成对工作任务清单的审核与派发，并实时地、客观地、体系化地查看督办事项执行进展，推进各项督办事项落实到位；责任部门可根据自身层级、职责等认领任务，及时地反馈执行进度。

第二节　需求分析

一　业务功能需求

（一）线上问卷填报

以客户端（App、PC端）线上问卷填报的方式代替以往的线下纸质问卷填报，减轻工作人员和填报人员的工作负担。问卷填报后数据实时上传云服务器进行存储，降低数据存储成本，同时让后期数据的管理、查询、调取更为高效便捷。

（二）线上问卷审阅

实现评估人员线上审查、核验问卷，避免了翻阅大量纸质问卷所带来的烦琐与复杂，评估人员能够方便地查看政府单位上传的佐证材料，提高了审阅问卷的准确性。同时，评估人员在查阅到不符合规范或答案与上传的佐证材料不相符的问卷时，可以通过系统远程打回问卷并通知相关填报单位重新上传，避免了纸质材料在地域和距离上的限制。

（三）系统自动计算指标分值

在以往的营商环境评估流程中，每个市州、区县的指标分值都由人工计算，不仅工作任务重、耗时长，出现计算错误的概率也非常高。建设营商环境评估系统，可以自动读取所采集到的问卷中的数值，调取计算公式，自动计算出所有的指标评分，在减少工作人员的工作量、工作时间的同时，也能大幅提高准确率。

（四）报表、统计图生成

系统通过对采集到的数据进行汇总分析，生成相应的报表及统计图，让评估人员能够直观地了解到当年全省各个地区政府单位及企业的问卷填报情况。

（五）营商环境大数据可视化分析

使用大数据技术，对全省各个地区营商环境状况通过指标分值、指标排名、指标分析、市州排名、区县排名、国际对标等进行分析并实现可视化展示，让省级高层领导能够实时掌握贵州省营商环境动态，为贵州省提高营商环境的举措提供决策依据。

二 用户角色需求

（一）企业填报人员

每一家样本企业由一名代表人员来填报该企业的所有问卷。

（二）政府填报人员

（1）省直政府填报人员：每一家省直政府单位由一名代表人员来填报该政府单位的所有问卷，并上传佐证材料。

（2）市州政府填报人员：每一个市州由一个政府单位牵头，由一名填报人员填报该市州所有政府单位的问卷。

（3）区县政府填报人员：每一个区县由一个政府单位牵头，由一名填报人员填报该区县所有政府单位的问卷。

（三）评估人员

评估人员负责对省直、市州、区县政府单位提交上传的问卷进行审查与核验，确保问卷填报的真实性、合理性、规范性，提高指标评分的准确性。通过核实政府单位上传的佐证材料，避免部分单位为了提高该地区的营商环境评分而虚报、乱报的不良现象。

三　边界接口需求

平台系统应支持的接口协议包括 HTTP、Socket、WebService 和 MRCP。并支持共同制定相关互通协议或接口。

四　性能需求

（一）系统响应性能需求

平台应向互联网公众提供实时的在线服务，为保障用户体验，用户在使用业务功能中的交互延迟不超过 3 秒，平台系统接口响应时间应缩短至 500 毫秒内。

（二）系统稳定性需求

某营商环境评估系统项目属于政务服务平台，面向用户提供 7×24 小时的应用服务，因此平台的稳定性要求较高，须保障能够提供 7×24 小时可靠的、不间断的服务。

五　安全性需求

（一）系统安全防护要求

平台系统安全建设应符合《信息安全技术信息系统安全等级保护基本要求（GB/T 22239—2008）》标准规范，能够保障平台信息数据安全，确保平台数据不被泄漏。

（二）安全保密管理要求

涉及项目的核心人员、接触项目数据的人员必须签订保密协议。设置专门的安全保密监管人员负责简单和管理平台保密情况。

（三）系统安全保密需求

平台系统设置专门的网络安全防护设备，配备响应的网络安全防护系统，实行网络安全预警和应急机制。

（四）访问控制管理需求

平台应做好严格的访问控制管理和角色权限管理，管理员仅能查看其权限内的数据，用户仅能查看本人数据。

（五）安全审计管理需求

平台针对应用、数据库分别设置安全审计措施，在平台技术方案上设置响应的信息安全审计功能；在组织上设置安全审计人员，定期对平台的信息安全进行审计。

第三节 总体技术架构

一 设计架构

总体设计架构（见图6－1）。

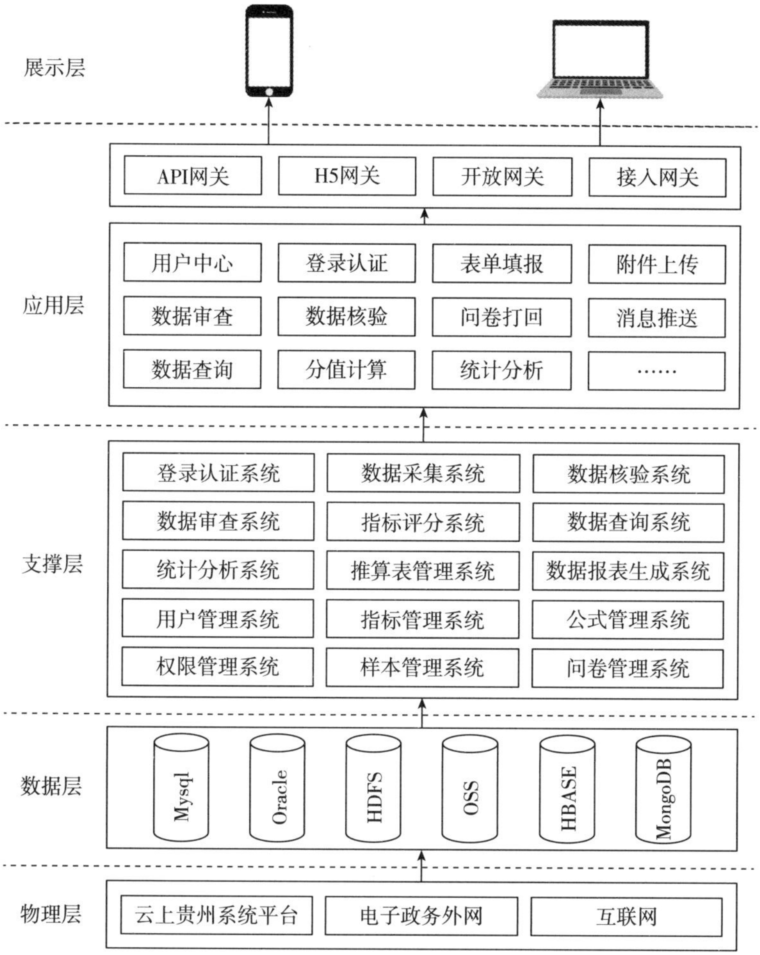

图6－1 总体系统架构

（一）移动平台层

移动业务整合平台、移动业务开发平台、移动业务管理平台组成移动平台层。

移动业务整合平台一般是对接口规范、输入和输出数据，以及各类业务和应用的对接，有如下功能：应用管理、接口管理、证书管理、服务管理，实现微信、App、第三方平台和业务整合平台对接应用接入层的有效对接。

移动业务开发平台则可以选择混合应用开发工具、混合应用开发包等运用在前端移动业务开发和后台管理功能开发。

移动业务管理平台适合于管理应用的以下功能：版本、配置、统计分析、证书等。

（二）接口层

通过业务整合平台可对接第三方数据接口（TDP—OTARest 接口、辅营独立销售数据接口、移动运行网接口）、自有业务数据接口、第三方运营接口。

（三）数据库

数据库采用 Oracle 数据库。

（四）安全体系

安全体系通过终端安全、传输安全、应用安全来保障整个架构的安全。

（五）应用接入层

根据此项目的建设，在实现业务需求的同时还要搭建一个符合规范、统一的移动平台用来实现管理、开发、业务规范。实现业务和接口的规范和统一，通过平台无缝接入微信、App、第三方平台。

二　技术路线

（一）统一的移动构建平台

提供全过程解决方案，包括从应用开发、后端集成、安全控制到运营管理。尽可能缩小移动化投入，具备良好的扩展性和向后兼容的能力。

（二）Hybrid 移动开发引擎

作为移动应用开发中间件的 Hybrid 应用引擎使用 HTML5 作为开发语言移动应用。HTML5 不光是得到了移动终端平台的支持，还是标准的跨平台的技术，Hybrid 应用引擎基于 HTML5 技术，把自身的优势以及 HTML5 的优势相结合，使跨平台的技术开发应用能够与使用原生方式去开发应用的体验相媲美。而且 Hybrid 技术的开发框架和开发工具还能大大缩短开发周期，使成本投入减少。

（三）面向服务的 SOA 接口集成

面向服务的体系结构（Service - Oriented Architecture，SOA）是一个组件模型，通过这些服务之间定义良好的接口和契约，把应用程序的不同功能单元（称为服务）相联系。采用中立的方式对接口采取定义，并独立于实现服务的硬件平台、操作系统和编程语言。这让系统中的各项服务可以按照融通的方法进行互动。

每个应用在业务出来时是不用直接交互的，因此可以不用了解对方的技术构造、实现方式、数据模型、部署位置。选用 XML、Web Service、SOAP 等技术可以让每个应用系统变得相对独立、松耦合，这样更有利于各个应用系统独立升级、改造和扩展，降低对其他应用系统的影响。

（四）高并发处理机制

采用一系列“非阻塞”库来支持事件循环的方式，可以使用 Nodejs 技术提供后台服务和为文件系统、数据库等资源提供接口。这一模型以可扩展的方式简化了对慢资源的访问。不新增额外线程的同时可以对任务进行并行处理，Nodejs 采取单线程方式利用事件轮询（event loop）来保证并行操作，以免阻塞操作。

（五）高效的内存数据库

使用 Redis 内存数据库，Redis 是一个开源的使用 ANSI C 语言编写、支持网络、可基于内存亦可持久化的日志型、Key - Value 数据库。Redis 支持主从同步。数据可以从主服务器向任意数量的从服务器上同步，从服务器可以是关联其他从服务器的主服务器。

（六）兼容多种集成模式

支持整合多系统，整合一个应用内不同系统的功能。通过数据库适配、面向服务接口适配、页面 DOM 数据抓取的方式进行整合，同时对外提供基于 JSON 协议标准一致的接口。

（七）开放式的框架设计

运用开放式的架构设计，支持集群方式部署，动态新增服务器。而且利用数据缓存的方式减轻服务压力。

（八）数据库选型

主要使用 Oracle 数据库。

三 项目管理辅助工具

（一）协同开发

协同开发是一个较为实用的协作化的项目开发管理云平台，可以解决团队成员间对于任务的推进、跨地区沟通、云端存储、代码托管、资源共享等不同需求，帮助企业、开发团队和个人高效实施开发过程，提高开发效率，实现有效的项目管理。

1. Microsoft Project（或 MSP）

是由微软开发销售的项目管理软件程序。设计的主要目的是帮助项目经理发展计划、分配资源、查看实时进度、预算管控和工作量分析。

2. JIRA

是 Atlassian 公司出品的项目与事务跟踪工具，主要应用在缺陷跟踪、客户服务、流程审批、需求收集、项目跟踪和敏捷管理等方面。

（二）测试工具

（1）深度兼容测试。1 万台真机随时待命，最新机型实时更新安装、启动、monkey、卸载；平均两小时出报告 monkey 时长随意选择；支持应用自动登录捕获 CPU、内存、流量、电量等性能数据。

（2）安全漏洞扫描。可扫描权限漏洞、静态漏洞、运行漏洞等报告包含漏洞分布、详情、等级、说明提供可实施的解决方案，及时阻止潜在危险，平均 10 分钟出报告。

（3）功能回放测试。自定义脚本在云端真机回放支持 robotium、appuim 等主流自动化测试框架详细的日志、截图、屏幕录像。

（4）深度遍历测试。按照树形结构，自动遍历 App 所有控件覆盖各种异常分支两款经典机型随时测。

（三）统计工具

这属于国内的专业移动应用统计分析平台。它给移动应用开发商统计和分析流量来源、内容使用、用户属性和行为数据提供帮助，让开发商利用数据进行产品、运营、推广策略的决策更便利。

（1）应用趋势统计。清晰展现应用的新增用户、启动次数、活跃用户、版本分布、行业指标等数据，方便从整体掌控应用的运营情况及增长动态。

（2）渠道分析。友盟统计渠道分析可以随时了解每个渠道的新增用户、活跃用户、次日留存率等用户指标，根据数据对比评估不同渠道的用户质量和活跃程度，达到衡量推广效果。

（3）留存分析。可以掌握每日（周/月）的新增用户在初次使用后一段时间内的留存率，留存率的高低一定程度上反映了产品和用户质量的好坏。

（4）行为分析。对应用内的数据实行有效统计，熟悉用户产品的使用细节和行为特征，用来帮助找到产品改进的突破点，评估产品优化的效果。

（5）用户属性。用户的基本属性和行为特征，帮助您全面了解用户。

（6）错误分析。收集并归纳崩溃日志，然后提供错误管理及分析工具，更好地帮助开发者解决问题，提高应用的稳定性和质量。

（四）开发语言

1. HTML5

是万维网的核心语言、标准通用标记语言下的一个应用超文本标记语言（HTML）的第五次重大修改。

（1）语义特性（Class：Semantic）。HTML5 使网络拥有了更好的意义和构造。更多元的标签将随着对 RDFa 的微数据与微格式等方面的支持，成为对程序、用户都更有价值的数据驱动的 Web。

（2）本地存储特性（Class：Offline & Storage）。HTML5 开发的网页软件可以缩短启动时间，更快速联网，这些优势都来自 HTML5 App Cache，以及本地存储功能。Indexed DB（html5 本地存储最重要的技术之一）和 API 说明文档。

（3）设备兼容特性（Class：Devie Access）。自 Geolocation 功能的 API 文档公开以来，HTML5 给网页开发者带来了更多功能上的优化选择，也带来了更高的体验功能优势。HTML5 为数据和应用的接入开放接口带来了前所未有的效果。让外部的应用可以和浏览器内部的数据直接连接，例如，视频影音可直接与 microphones 及摄像头相连。

（4）连接特性（Class：Connectivity）。使工作效率得到更有效的连接，让我们实现基于页面的实时聊天，网页游戏得到更快速的体验，在线交流更优化。HTML5 的服务器推送技术更有效，Server - Sent Event 和 WebSockets 就是其中的两个特性，这两个特性能够帮助我们实现服务器将数据“推送”到客户端的功能。

（5）网页多媒体特性（Class：Multimedia）。支持网页端的 Audio、Video 等多媒体功能，与网站自带的摄像头、APPS、影音功能交相呼应。

（6）性能与集成特性（Class：Performance & Integration）。用户不会一直等着你下载，HTML5 会利用 XMLhttpRequest2 等技术，为以前跨域等问题提供了解决办法，帮助 Web 应用和网站可以在更多样化的环境中快速地开始工作。

（7）CSS3 特性（Class：CSS3）。保持性能和语义结构不变的情况下，CSS3 可以提高更多样的风格以及更好的效果。而且和以前的 Web 排版相比，灵活性和控制性明显提高了。

2. CSS3

CSS 即层叠样式表（Cascading Stylesheet）。如果在制作网页时运用 CSS 技术，那么就可以对页面的布局、颜色、字体、背景和其他效果实现更加精确地控制。仅需对相应的代码做出简单修改，相同页面的不同部分就能被修改，不同页数的网页的外形和格式同样可以变化。CSS 的升级版本还有 CSS3，它主要是向着模块化发展的。以前的模块太过于复杂和臃肿，因此，把以前的模块分解为一些小的模块，让更多新的模块也加入进来。这些模块包括：盒子模型、列表模块、超链接方式、语言模块、背景和边框、文字特效、多栏布局等。

3. Java

Java 是一门面向对象编程语言，对 C + + 语言取其精华，去其糟粕，吸收它的优点，然后把那些复杂的多继承、指针等概念摒弃，所以成就了 Java 语言具有功能强大和简单易用两个特征。Java 语言作为静态面向对象编程语言的代表，很好地实现了面向对象理论，允许程序员以简便的思维方式进行复杂的编程。

4. 辅助软件工具及其效果

（1）Adobe Photoshop。就是一般所说的“PS”，它是 Adobe Systems

开发和发行的图像处理软件。Photoshop 的主要功能是处理以像素所构成的数字图像。让它的编修和绘图工具方便有效地完成图片编辑任务。除此之外，它还有其他的很多功能，在图像、图形、文字、视频、出版等各方面都有涉及。

（2）Fireworks。这个是 Adobe 的新的网页作图应用，它可以使 Web 的设计和开发加速，是创建和优化 Web 图像以及迅速构建 Web 界面原型的一款理想工具。Fireworks 不但拥有编辑矢量图形与位图图像的灵活性，还使我们拥有了一个预先搭建资源的公共库，与 Adobe Photoshop、Adobe Illustrator、Adobe Dreamweaver 和 Adobe Flash 软件省时集成。在 Fireworks 中可以使设计转变为模型更快捷，或利用来自 Illustrator、Photoshop 和 Flash 的其他资源。然后直接置入 Dreamweaver 中轻松地进行开发与部署。

第四节 总体建设方案

一 建设原则

本项目在建设方面从以下几个要素着手，提高数据资源汇聚和服务水平，提升信息安全和运维保障能力。项目建成后，实现信息化由被动向主动、由局部向全局、由基础建设向全面应用的转变，推动贵州省营商环境评估工作的全局性变革。

（一）安全性原则

基于纵深防御原则，系统架构主要包括数据安全、平台安全（应用安全）、主机安全和操作系统安全、网络安全。每个安全级别都是安全隔离，可信、可控制、可审计、可恢复的设计原则和配置管理、用户管理、安全加固、安全审计、漏洞管理等管理方法。图 6 -2 说明了安全设计原则。

平台系统支持自动化操作，引擎自带的能力平台和后台管理系统实时采集服务器的 CPU、内存、硬盘、上下行流量等系统信息和语音语义能力服务状态、响应时间、接口调用成功率等信息，生成相应的统计报表并显示在图形化界面上。用户可通过后台管理系统对系统和服务进行维护和管理，支持访问控制，可以设置用户组并指定组权限，可以为

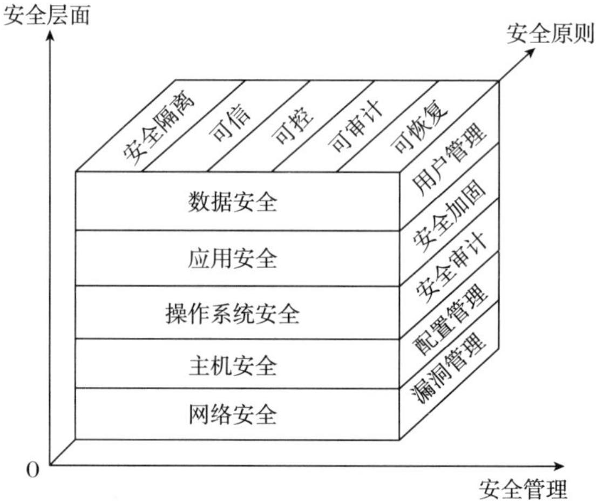

图 6-2 安全设计原则

不同的使用人员设置不同的使用权限和参数，可以分组或分用户限制访问主机资源，限制访问主机、文件或应用的范围。具有角色管理、权限管理、菜单管理等功能，可以设置细化到菜单和按钮的访问和使用权限。可以对不同等级的用户分配不同的角色，严格进行访问控制。

对于需要登录系统访问的用户设置强制安全策略，口令长度不能低于8位，必须由数字、大写字母、小写字母中两种或两种以上字符组成，系统要求密码一周修改一次，保证用户身份的合法性。

系统对敏感消息采用SSL加密机制传输和存储，网络上传输的内容经过了证书加密，保证信息的完整性，防泄露、防篡改。

系统只提供post和get两种http提交方式，严格使用参数化SQL语句，对用户输入内容进行检查与验证。

（二）可靠性原则

系统采用高可用集群部署方案，可靠性高，支持连续7×24小时运行。所有软硬件均经过完全测试。具备质保证明。

系统采用高可用方案集群式部署，某一模块功能出错不会导致其他功能，具备完整的回退机制，可以恢复系统发生故障前最后一次成功完成的事务处理的所有数据。具备完善的系统备份、恢复和预防性恢复程序，具有良好的健壮性，支持在发生错误后自动或手动重启和恢复。

支持分别对系统和服务异常设置报警条件，支持通过短信或邮件报警。

（三）稳定性原则

系统处理能力和稳定性可以满足业务的峰值要求，能应对给系统带来压力的突发情况。有系统资源回收能力，可以避免系统因为长时间运行耗费系统资源（如内存泄露）所造成的系统崩溃。系统除进行必要的维护而关闭外，可以连续 7×24 小时运行。系统维护需关闭的时间小于 2 小时。

（四）可维护性原则

系统具备有效的、统一的手段和机制进行业务管理、运行参数管理以及操作员、管理员的管理。系统在日常运行提供运行情况的监测和控制功能，以确保系统运行正常，友好的统一界面对系统进行维护是今后系统持续发挥效力的关键，系统具备有效统一的手段和机制进行系统功能的管理和维护。支持系统维护人员分别对系统资源和服务资源占用设置报警条件，支持通过短信或邮件报警。管理后台可以分析系统性能、定位功能、定位及处理系统故障（硬件和应用）。

（五）可扩展性原则

系统设计应考虑到业务今后的发展趋势，根据本项目的特点定义好系统边界和相互关系，满足系统的需要；保证目前在系统应用集成上，应用系统能呈现出开放的整体能力平台，并关注系统升级、扩容、扩充和维护的可行性。总体架构和软件体系结构可扩展，要考虑未来业务发展、任务数量增多带来的数据规模扩展、管理需求变化和系统保障级别提高，以便对产生的新需求给予支持。

（六）容错性原则

系统设计要使用可靠的技术，系统具有故障分析、恢复和容错能力，在安全体系建设、复杂环节解决方案等各方面考虑周全，确保系统安全稳定，把潜在风险降到最低。系统故障隔离等容错机制，一般服务操作需要确认，重大服务操作需要输入命令确认，有效避免操作人员误操作引起的系统故障，保障能力平台的平稳运行。

（七）高效性原则

系统具备高效的数据处理能力，在任务多数据量大的情况下还可以快速、高效处理各种语音处理和分发任务，及时向外围渠道系统及业务处理系统发送数据。

（八）实用性和功能满足性原则

系统产品平台能够充分满足现阶段的业务功能要求，支持多渠道的接入，支持与第三方平台，如对接 App、微信平台和呼叫平台等，使业务管理应用的互联互通。

（九）技术先进性原则

系统建设充分采用当前智能语音领域的最新技术，并具有持续的技术研发实力，保证所建系统是一个不但能够满足当前需求，而且采用优异的体系结构和开放标准，提供丰富、简便的操作流程，保证在系统生命期内能够兼容并添加新技术，保持先进性，最大限度地延长系统生命周期，同时保证系统整体的稳定性和成熟性。

（十）标准化和规范化原则

系统建设时要遵守标准化原则，根据相关国际、国家标准，以满足业务功能需求为前提条件，实现系统实现标准化的目标，制定软件系统各类技术接口标准，采取标准的编码规范、命名规范和设计规范。使整个系统实现统一身份和资源管理、统一认证、统一内容管理和界面定制，逐步趋向规范化。

二　填报评估系统

（一）网络结构

营商环境大数据监测分析系统部署于“云上贵州”服务器，依托“云上贵州”的网络和服务器资源。

（二）框架式系统主平台

整个系统运行的核心主程序构建采用统一平台方式，目前构建的功能及今后扩展的应用都基于一个统一的平台进行搭建。

（三）登录认证系统

系统管理员、评估人员、省直牵头单位填报人员、市（州）牵头单位填报人员、县（市、区）牵头单位填报人员使用账号密码进行登录。

市（州）企业填报人员、县级企业填报人员先注册多彩宝 App，基于“云上贵州”多彩宝平台实人认证系统进行验证，验证后扫码打开填报页面，选择市州、县和企业（支持模糊查找企业）。

（四）数据采集系统

采集系统是系统数据的入口，主要完成各类基层数据及抽样调查数据的录入、修改等一系列工作，系统自动对新增及修改情况进行跟踪记录。同时，数据采集系统实现了远程网上数据采集，可在各级部门及企业进行实时采集。本系统主要包括企业填报及政府填报两部分：

（1）企业问卷填报：市（州）企业和县级企业扫码打开填报页面，登录后进行数据填报，可以中途保存退出，再次登录后继续填报，提交后退出，一旦提交就不可修改。

（2）政府问卷填报：省、市、县牵头单位人员登录系统后打开填报页面，进行数据填报，可以中途保存退出，再次登录后继续填报，提交后退出，一旦提交就不可修改。

每一个填报的数据项，都需要上传附件，由填报单位上传佐证材料，佐证材料为事先准备好的屏幕截图、视频、照片、扫描件、数据文件等（支持 doc、docx、xls、xlsx、pdf、jpg、rar、zip 等常见格式）。

（五）数据审查系统

评估人员打开每一个政府填报的问卷，调阅每一个数据项的附件进行人工查阅后，若判定某数据项对应上传的佐证材料无法对该数据项提供有力的支持，评估人员可通过后台系统打回问卷。问卷打回后，负责填报该问卷的政府单位将会收到手机短信提示，并在 48 小时内重新上传佐证材料。

（六）数据核验系统

数据审查结束后，评估人员重新查阅政府单位填报的问卷及上传的佐证材料，对每个数据项的取值予以认定或修改。如要修改政府数据，必须填入修改理由，凡是修改过的数据，皆需经过系统管理员审核确认后方可认定。

（七）数据查询系统

用户可通过问卷指标、填报企业、填报政府、填报时间、审核状态等标签对数据库中的问卷进行查询获筛选。包括未核验修改过的原始数据和核验修改过的核验数据。查询采用完全的网络查询方式，可实现精确查询和模糊查询。

(八) 指标评分系统

系统读取经过核验确认过后的数据项数据，按照前沿距离计算公式，生成各级指标分值。

(1) 省直部门指标分值计算公式：所有三级指标的算术平均，牵头单位和责任单位同分。

(2) 市（州）和县级指标分值计算公式：

三级指标分值 =（全省最差值 – 当前值）/（全省最差值 – 全省最优值）

二级指标分值 = 所有三级指标算术平均

一级指标分值 = 所有二级指标算术平均

每个指标的极大值和极小值，在公式管理中，自动读取评估结果，由系统管理员人工确认。

(九) 统计分析系统

系统采用基于需求的动态分析技术，依据需求动态实现系统数据分析，并对分析结果以多种形式（如结果表格、构成分析图、趋势分析图等）进行动态展示。

数据采集后，系统自动进行数据整理，并按权限进行分级动态汇总。该统计可根据岗位权限的不同。从而做到从系统级别限制部分数据的外泄，保证数据的保密。各个级别的岗位只能看见相应岗位的统计汇总数据。

(十) 数据报表生成系统

对动态查询及统计的数据自动生成报表并支持动态报表的导出功能。

(十一) 问卷管理系统

系统支持对问卷的添加、修改、删除等操作。同时，由于每一套问卷都是由不同问题组成，系统还支持问题的添加、修改、删除，以及通过对问题的编辑来自定义问卷。问题类型包括：选择题（单选题/多选题）、填空题、问答题。

(十二) 用户管理系统

系统支持对用户信息的添加、修改、删除等操作，以及对用户角色的调度等操作。

用户角色分为：系统管理员、评估人员、省直牵头单位填报人员、市（州）牵头单位填报人员、县（市、区）牵头单位填报人员、市（州）企业填报人员、县级企业填报人员。

用户权限内容如下：

（1）系统管理员：用户管理、样本管理、指标管理、公式管理、数据修改审核、数据形式检查和打回、数据确认、数据统计、数据分析、数据查询。

（2）评估人员：按片区分配权限，片区内市州和县的企业数据和政府数据的检查、修改、打回、确认、查询、修改（需系统管理员审核确认）、数据统计、数据分析。

（3）省级部门牵头单位填报人员：数据填报、自己部门填报数据的查询。

（4）市州牵头单位填报人员：市州本级政府问卷填报、市州政府填报数据的查询、市州所辖县市区政府填报数据的查询（不能查阅任何企业数据）。

（5）县（市、区）牵头单位填报人员：县级政府数据填报、本县数据的查询。

在系统中，人员与岗位一旦确定，也就固定了其在系统中操作和查阅权限，在人事变动时，只需重新进行人员赋岗即可，这样，在登录名、密钥不发生变更的情况下，将获得新岗位的相应权限。

同样，在组织机构发生变化时，只需重新维护部门设置模块，进行人事调整即可。

（十三）指标管理系统

由于各个调查表的指标每年可能会因为政策的原因发生改变，如果把所有指标都固定死，那么在指标改变的情况下就必须修改程序才能实现。所以系统对所有指标都进行灵活的设置和管理，用户可以对指标及指标对应的表单进行增加、修改、删除。

目前，现有指标如表 6－1 所示。

表 6－1

一级指标	二级指标	单位
1. 开办企业	1.1　开办企业环节	个
	1.2　开办企业时间	天
	1.3　开办企业成本	占当地人均收入比例（%）
	1.4　开办企业申请材料	份
2. 办理建筑许可	2.1　办理建筑许可环节	个
	2.2　办理建筑许可时间	天
	2.3　办理建筑许可成本	占建设项目价值比例（%）
	2.4　办理建筑许可申请材料	份
3. 获得电力	3.1　获得电力环节	个
	3.2　获得电力时间	天
	3.3　获得电力成本	占当地人均收入比例（%）
3. 获得电力	3.4　供电可靠性	（0—10）
	3.5　电力价格	占总营收比例（%）
	3.6　获得电力申请材料	份
4. 获得用水	4.1　获得用水环节	个
	4.2　获得用水时间	天
	4.3　获得用水成本	占当地人均收入比例（%）
	4.4　用水价格	占总营收比例（%）
5. 获得用气	5.1　获得用气环节	个
	5.2　获得用气时间	天
	5.3　获得用气成本	占当地人均收入比例（%）
	5.4　用气价格	占总营收比例（%）
6. 登记财产	6.1　登记财产环节	个
	6.2　登记财产时间	天
	6.3　登记财产成本	占产权价值比例（%）
	6.4　登记财产申请材料	份
7. 纳税	7.1　纳税次数	次
	7.2　缴纳税费时间	小时
	7.3　总税收和缴费率	%
	7.4　报税后流程	（0—100）

续表

一级指标	二级指标	单位
8. 跨境贸易	8.1 出口边境审核耗时	小时
	8.2 出口边境审核费用	元
	8.3 出口单证审核耗时	小时
	8.4 出口单证审核费用	元
	8.5 进口边境审核耗时	小时
	8.6 进口边境审核费用	元
	8.7 进口单证审核耗时	小时
	8.8 进口单证审核费用	元
9. 办理破产	9.1 收回债务所需时间	天
	9.2 收回债务所需成本	占债务总值比例（%）
	9.3 债权人回收率	%
10. 获得信贷	10.1 获得信贷环节	个
	10.2 获得信贷时间	天
	10.3 获得信贷成本	占贷款总额比例（%）
	10.4 征信机构覆盖面	%
11. 保护中小投资者权益	11.1 信息披露透明度	(0—10)
	11.2 董事责任程度	(0—10)
	11.3 诉讼便利度	(0—10)
	11.4 股东权利	(0—10)
	11.5 所有权和管理控制	(0—10)
	11.6 公司透明度	(0—10)
12. 执行合同	12.1 解决商业纠纷的时间	天
	12.2 解决商业纠纷的费用	占索赔金额比例（%）
13. 劳动力市场监管	13.1 聘用情况	(0—8)
	13.2 工作时间	(0—8)
	13.3 裁员规定	(0—8)
	13.4 裁员成本	占总营收比例（%）
13. 劳动力市场监管	13.5 工作质量	(0—8)
	13.6 就业服务	(0—8)

续表

一级指标	二级指标	单位
14. 政府采购	14.1 电子采购平台评价	(0—10)
	14.2 采购流程	(0—10)
	14.3 采购结果确定和合同签订	(0—10)
	14.4 合同管理	(0—10)
	14.5 支付和交付	(0—10)
	14.6 政府采购	(0—10)
15. 招标投标	15.1 互联网+招标采购	(0—10)
	15.2 投标和履约担保	(0—10)
	15.3 外地企业中标率	%
	15.4 建立公平有效的投诉机制	(0—12)
16. 政务服务	16.1 网上政务服务能力	(0—20)
	16.2 政务服务事项便利度	(0—10)
	16.3 政务服务满意度	(0—15)
	16.4 国家政务服务平台数据共享	(0—10)
17. 知识产权创造、保护和运用	17.1 知识产权创造质量	项
	17.2 知识产权保护社会满意度	(0—10)
	17.3 非诉纠纷解决机构覆盖面	个
	17.4 知识产权运用效益	项
18. 市场监管	18.1 "双随机 一公开" 监管覆盖率	%
	18.2 监管执法信息公开率	%
	18.3 政务诚信度	(0—10)
	18.4 商务诚信度	(0—10)
	18.5 与国家"互联网+"监管系统数据共享	(0—10)
19. 包容普惠创新	19.1 创新创业活跃度	(0—100)
	19.2 人才流动便利度	(0—100)
	19.3 市场开放度	%
	19.4 基本公共服务群众满意度	个
	19.5 蓝天碧水净土森林覆盖指数	%
	19.6 城市立体交通指数	(0—10)
20. 企业信心	20.1 中小企业投资意愿	(0—100)
	20.2 新登记注册企业数	%

（十四）公式管理系统

同指标一样，每年用于计算各地区各县各部门的分数的公式也会因各种原因发生改变，因此系统同样对所有计算公式进行灵活的设置和管理，用户可以对指标及指标对应的表单进行增加、修改、删除，并由系统管理员人工确认。

（十五）样本管理系统

在系统中设置全省各地区各县市的填报机构（包括企业和政府单位），可以对机构进行添加、修改、删除操作。

（十六）备份及恢复系统

系统支持备份功能，数据库系统、系统文件采用脚本定时自动备份实现备份功能。同时，系统采用“备份＋日志归档”方式，保证在发生系统意外停机的情况下将数据损失降到最低。

三　大数据检测分析平台

贵州省营商环境大数据监测分析平台是一个通用、完善、易操作、可扩展的事项、主题和材料梳理与管理体系。平台具备以下功能，如图6－3所示。

图6－3　营商环境大数据监测分析平台

（一）综合管理考评

根据行政区划对部门、事项、主题事项、系统、材料、信息项进行动态分析。

（二）主题服务

对事项、办事指南、申请表单等进行一系列操作管理，通过输入控制、数据校验，约束录入信息，实现内容标准化。

（三）模块库管理

包含事项模板、办事指南模板、主题模板和材料库，这 4 个模板库，进行数据快速搭建，并实现数据标准化。

（四）事项登记

根据事项关联性生成主题事项，设为主题模板，其中，主题中事项按照办理顺序自动生成流程图。

（五）事项优化

事项标准化：“十统一”，事项标准化。多表合一：主题中多表合并，字段去重。数据清洗：申请表和信息项的清洗。

（六）数据治理

通过发起“请求—处理”的请求流程，明确事项材料、信息项等数据的供需责任。

同时，平台达到“三减一优”。

（1）减材料：为了解决办理事项流程复杂，基于事项间实际业务关系，设置事项协同统一办理，采用数据先行模式，实现内部数据流通共建共享，让群众少跑路，通过系统内部流程进行事项梳理，提高数据流通度，减少办事流程。

（2）减环节：事项本身存在同步办理情况，根据业务办理特点，通过将事项整合及审批办理流程再造，实现不同事项同时办理，将前后事项环环相扣，调整为最优办事流程，有效减少办事环节。

（3）减时间：以多种灵活的技术手段，实现数据的多样采集和同步更新，基于非侵入式数据库方式，从业务层面获取数据字段、数据资源，极大地缩短了各部门数据归集、数据应用的周期，减少使用和操作时间。

（4）优化主题服务：通过实际业务中事项关系关联，以办事人角度，将强关联事项整合成主题事项，遵循国家和行业相关标准，运用数据标准化、数据清洗、多表合一等手段，精简主题事项下申请表单和材料，实现主题事项优化。

平台标准统一、内容统一、成果运用统一，根据所制定的营商环境评估指标体系实时监测全省市州和县的各项指标数据，并逐级形成全省各市州和县的各项监测指标汇总的对标分析。

平台可以呈现全省监测、市州监测、指标分析，同时显示国际对标，国内对标，省内最高，省内最低的可视化指标分析结果；点击各县可以呈现本县的各项营商环境指标监测和对标分析，点击各市州可以呈现本市州汇总的各项营商环境指标监测和对标分析。

第五节　项目售后运维方案

一　运维维护面临的问题

（1）随着系统的运行服务需求不断增加，运维维护面临很多挑战，例如服务访问可查、可控，解决服务数据的访问、安全问题等。

（2）服务访问次数过于频繁时，系统运行的稳定性遭受极大挑战，要健全监控机制，使系统运行良好。

（3）平台服务运行没有制定统一的管理策略，其软硬件环境不一致，导致故障排除效率不高。

二　维护服务的目标

（1）保障软硬件的稳定性和可靠性。

（2）保障软硬件的安全性和可恢复性。

（3）故障的及时响应与修复。

三　系统日常运维

信息化系统的日常维护是系统最重要的维护工作，主要有以下几方面：

（1）系统支持软硬件的日常维护。

（2）服务器维护。

（3）应用维护。

（4）存储设备维护。

（5）网络、安全设备维护。

（6）应用系统的日常维护。

（7）数据库维护。

四 信息系统安全运维

在信息系统的每个阶段都存在风险评估和安全加固工作。在运行维护阶段，要一直跟进风险评估来识别系统面临的风险，发现风险时，要进行安全加固和安全措施干预，保证实现目标安全。

（一）风险评估

风险评估是为了知道和控制运行中的信息系统安全风险，比较完整的评估是在运维阶段，评估内容主要有运行中的信息系统、资产、威胁和脆弱性等方面。

（1）资产评估：在实际中的仔细评估，其中包括实施阶段采购的软硬件资产、相关的人员与服务、系统运行过程中生成的信息资产等。

（2）威胁评估：对于真实环境的可能威胁，要最大可能地进行全面评估威胁的可能性以及威胁影响程度。可以对比事故发生时对非故意威胁产生安全事件进行评估；然后评估人员对故意威胁的影响因素做出专业判断，得出控制办法。

（3）脆弱性评估：主要包括运行环境下物理、系统、网络、应用、管理的脆弱性、安全保障设备。可以采取核查、扫描、案例验证、渗透性测试等方式检验脆弱性；进行安全保障设备脆弱性评估的时候要知道安全功能的完成情况和安全措施本身的脆弱性。对于管理脆弱性采取文档、记录核查实施验证。

（二）安全加固

安全加固主要包括：

（1）日常安全加固工作，风险评估结果出来后对系统进行全面的安全调优服务，按系统运行需求调节设备和系统配置、合理利用系统资源、防范系统漏洞，提高系统稳定性和可靠性。

（2）主动安全加固，在没有发生安全事故前就主动对已经暴露出的漏洞或最新病毒库进行修改以防止发生安全事故。

（三）应急响应

应急状态的安全值守、响应工作，主要是系统应急响应、重大安全故障处理，在系统出现安全事件时马上做出反应和处理，以减少系统安全性问题产生的影响。

（四）安全巡检

安全巡检的目的是知道安全设备运行的一般情况，了解每个安全节点是否可靠，配合安全巡检情况实施安全措施。

（五）安全监控

安全环境发生变化要马上更新安全策略，在已有设备和网络情况有所变化的时候迅速根据更新后设备的环境安全策略进行安排部署。要最大可能避免因设备改变而造成的安全风险。

（六）安全通告

定期发出安全通告，互联网出现了新型病毒或漏洞而且只是部分修补的情形，要马上制定安全通告并通知运维人员，增加系统防御能力。

（七）系统升级及维保

除了针对本项目除在上面提到的日常运维服务外，还对其他系统升级服务。

五 维护服务方式

维保服务可采用多种方式结合的方式，力争在最短时间内排除故障、恢复系统正常运行，具体如下：

（一）远程电话、网络支持

通过手机、QQ 消息、微信、邮件等方式，对各服务点反映的问题进行及时回复，或者收集整理分析待后续集中统一解决。

（二）应急支持

建立突发事故应急响应机制，快速响应，及时与服务点协调沟通，尽快在软硬件基础支撑恢复正常的情况下恢复应用正常运行。

（三）技术咨询支持

提供系统调优技术咨询、系统上线技术支持、数据迁移技术支持、系统联调技术支持、集成测试技术支持、系统验收技术支持等咨询服务内容。承诺提供 7×24 小时通过远程、电话、E－mail 等方式为用户提供终身完善的售前和售后技术咨询服务。

第六节　风险分析及保障应急

一　风险来源

项目风险是指在软件生命周期中见到的预算、进度和控制等问题，以及由这些问题所产生的对软件项目的影响。软件项目风险涉及多方面，比如用户参与度低，缺乏高层支持，要求不明确，缺少合理规划等，总体来说有以下几方面：

（1）产品规模风险。项目的风险与产品规模成正比。产品规模越大，以上问题越突出，尤其是估算产品规模的方法，复用软件的多少，需求变化。

（2）相关性风险。其实项目的大多数风险都来自外部环境或因素的相关性。一般来说，我们对于控制外部的相关性上还不是很完善，因此缓解策略要把可能性计划涵盖在内，可以是我们更方便地从第二资源或协同工作资源，获得必需的组成部分，然后提早察觉潜在风险。

（3）管理风险。项目经理是项目里写项目风险管理计划的人，他们存在自我错误查验的问题。而且这些问题会使项目的成功变得更加困难，很可能在某个阶段就对项目本身产生很大影响。

（4）安全风险。软件行业的技术人员流动特别普遍，频繁的流失为产品和新技术的泄露增加了风险。

二　风险分析

可以使用风险分析工具，对上述的各类风险进行分析、控制、管理，让风险降到最低。经常使用的方法有：风险条目检查表，它主要是使用提问来让项目风险管理者知道在项目以及技术方面存在哪方面的风险。在风险条目检查表中，把全部可能和风险因素有关的问题都罗列出来，让管理者能够集中识别常见的、已有的以及可预测的风险，如产品规模风险、需求风险、依赖性风险及管理风险等。风险条目检查表由不同的组织方式组织，通过假设分析、风险剖面分析、成本效益分析、判定树等来回答这些问题，就能够估算风险的影响。

三　风险管理

风险管理包括风险识别、风险评估、风险计划、风险解决和风险监控。它能让风险管理者主动“规避”风险，进行有效的风险管理，是贯穿软件项目开发全过程的关键任务。风险管理模型包括 SEI 风险管理模型、Riskit 风险管理模型、SoftRisk 风险管理模型、IEEE 风险管理过程模型、CMMI 风险管理模型、MSF 风险管理模型等。

四 风险控制

（一）建立健全的风险控制组织机构

（1）设置风险管理岗位：在制定以及评估规划的时候，要从风险管理的立场去规划项目或者是要审核及发表意见，最大限度找到有可能出现意外情况的状况，由此提出风险管理策略和管理办法，应对随时可能出现的风险，项目主管最好不要承担风险管理者的任务。然后由项目的大小来制定风险管理岗位的人数，正常情况是 2—3 人。

（2）双项目经理：两个项目的经理岗位所负责开发项目不同的方面，各自负责技术和管理岗位。

（二）建立全过程风险控制管理

风险管理过程包括培训、风险识别、风险计划、风险分析、跟踪计划、执行计划等活动，风险管理是一个不断学习、持续改进的过程。

参考文献

北京大学课题组：《平台驱动的数字政府：能力、转型与现代化》，《电子政务》2020 年第 7 期。

戴长征、鲍静：《数字政府治理——基于社会形态演变进程的考察》，《中国行政管理》2017 年第 9 期。

戴祥玉、卜凡帅：《地方政府数字化转型的治理信息与创新路径——基于信息赋能的视角》，《电子政务》2020 年第 5 期。

何水、郑晓莹：《国内政府治理研究热点与趋势可视化分析》，《行政论坛》2020 年第 2 期。

胡雅南：《建设人民满意的数字化服务型政府》，《中国领导科学》2019 年第 6 期。

黄璜、成照根：《"互联网 + 监管"：政策演变与模式划分》，《电子政务》2019 年第 9 期。

黄璜：《对"数据流动"的治理——论政府数据治理的理论嬗变与框架》，《南京社会科学》2018 年第 2 期。

黄璜：《数字政府：政策、特征与概念》，《治理研究》2020 年第 3 期。

黄璜：《中国"数字政府"的政策演变——兼论"数字政府"与"电子政务"的关系》，《行政论坛》2020 年第 3 期。

姜德峰：《数字政府内涵体系与推进策略》，《领导决策信息》2019 年第 5 期。

蒋敏娟、黄璜：《数字政府：概念界说、价值蕴含与治理框架——基于西方国家的文献与经验》，《当代世界与社会主义》2020 年第 3 期。

梁木生：《略论“数字政府”运行的技术规制》，《中国行政管理》2001 年第 6 期。

刘彬芳、魏炜、安小米：《大数据时代政府数据治理的政策分析》，《情报杂志》2019 年第 1 期。

刘密霞：《深入推进电子政务　加快政府数字化转型——〈2018 年联合国电子政务调查报告〉解读之三》，《行政管理改革》2019 年第 3 期。

刘祺：《当代中国数字政府建设的梗阻问题与整体协同策略》，《福建师范大学学报》（哲学社会科学版）2020 年第 3 期。

逯峰：《广东“数字政府”的实践与探索》，《行政管理改革》2018 年第 11 期。

孟庆国、崔萌：《数字政府治理的伦理探寻——基于马克思政治哲学的视角》，《中国行政管理》2020 年第 6 期。

曲延春：《数字政府建设中信息孤岛的成因及其治理》，《山东师范大学学报》（社会科学版）2020 年第 2 期。

沈费伟、诸靖文：《大数据时代的智慧政府治理：优势价值、治理限度与优化路径》，《电子政务》2019 年第 10 期。

舒洁：《推进数字政府建设　优化政府行政生态》，《陕西行政学院学报》2020 年第 1 期。

宋雪莹：《大数据时代公共管理中信息资源共享问题及对策——数字政府治理中信息孤岛问题研究》，《职业》2019 年第 15 期。

孙轩、孙涛：《大数据计算环境下的城市动态治理：概念内涵与应用框架》，《电子政务》2020 年第 1 期。

孙志建：《数字政府发展的国际新趋势：理论预判和评估引领的综合》，《甘肃行政学院学报》2011 年第 3 期。

孙宗锋、姜楠、郑崇明：《大数据在国外政府治理中的应用及其启示》，《甘肃行政学院学报》2018 年第 4 期。

谭必勇、刘芮：《数字政府建设的理论逻辑与结构要素——基于上海市“一网通办”的实践与探索》，《电子政务》2020 年第 8 期。

陶勇：《协同治理推进数字政府建设——〈2018 年联合国电子政务调查报告〉解读之六》，《行政管理改革》2019 年第 6 期。

汪波、郭雨欣：《当代中国数字治理：主题、动态与发展趋向》，《武汉科技大学学报》（社会科学版）2019 年第 4 期。

王洛忠、闫倩倩、陈宇：《数字治理研究十五年：从概念体系到治理实践——基于 CiteSpace 的可视化分析》，《电子政务》2018 年第 4 期。

王少泉：《我国数字政府治理的现状、问题及推进途径》，《重庆三峡学院学报》2018 年第 6 期。

王鑫、于秀琴、朱婧：《数字治理视角下县级政府治理现代化的评估体系研究》，《中国行政管理》2019 年第 12 期。

夏义堃：《试论基层政府数据治理模式的选择：吴中模式的建构与启示》，《电子政务》2019 年第 2 期。

夏义堃：《政府数据治理的维度解析与路径优化》，《电子政务》2020 年第 7 期。

徐晓林、明承瀚、陈涛：《数字政府环境下政务服务数据共享研究》，《行政论坛》2018 年第 1 期。

杨国栋、吴江：《电子治理的概念特征、价值定位与发展趋向》，《上海行政学院学报》2017 年第 3 期。

姚水琼、齐胤植：《美国数字政府建设的实践研究与经验借鉴》，《治理研究》2019 年第 6 期。

叶战备、王璐、田昊：《政府职责体系建设视角中的数字政府和数据治理》，《中国行政管理》2018 年第 7 期。

于君博：《后真相时代与数字政府治理的祛魅》，《行政论坛》2018 年第 3 期。

于跃、王庆华：《大数据的特质及其安全和信用风险》，《行政论坛》2016 年第 1 期。

郁建兴、朱心怡：《“互联网 +”时代政府的市场监管职能及其履行》，《中国行政管理》2017 年第 6 期。

张敏：《加快数字政府建设　推进政府治理现代化》，《学习月刊》2020 年第 3 期。

张述存：《打造大数据施政平台　提升政府治理现代化水平》，《中国行政管理》2015 年第 10 期。

赵金旭、傅承哲、孟天广：《突发公共危机治理中的数字政府应用、信息获取与政府信任》，《西安交通大学学报》（社会科学版）2020年第4期。

钟莉：《数字治理视域下地方政府政务服务效能提升策略研究——以广州“一窗式”集成服务改革为例》，《地方治理研究》2020年第2期。

周文彰：《数字政府和国家治理现代化》，《行政管理改革》2020年第2期。

周雅颂：《数字政府建设：现状、困境及对策——以“云上S”政务数据平台为例》，《云南行政学院学报》2019年第2期。

朱玲：《我国数字政府治理的现实困境与突破路径》，《人民论坛》2019年第32期。